SELBSTDISZI PLIN

Schritt für Schritt zu einem Leben mit mehr Disziplin, Fokus & Willenskraft! Motivation und positives Mindset antrainieren & mit mehr Erfolg und Selbstbewusstsein durchs Leben gehen

INHALT

Das erwartet Sie in diesem Buch 1

Selbstdisziplin - Was ist das überhaupt? 3

Das Selbst 4

Die Disziplin 8

Selbstdisziplin ist nicht gleich Disziplin 13

Welche Körperregionen sind beteiligt? 15

Ein wichtiger Begleiter im Leben 18

Wofür braucht man Selbstdisziplin? 19

Was verändert sich durch Selbstdisziplin? 22

Jede Medaille hat zwei Seiten! 25

Welche Faktoren spielen eine Rolle? 29

Ablenkung 31

Gewohnheiten 33

Motivation 37

Vorbereitungen 40

Willenskraft 43

Was will ich eigentlich? Die richtigen Ziele finden! 47

Gesundheit – Wer sich gut fühlt, erreicht leichter seine Ziele 49

Entspannungstipps 51

Strategien, um sich besser fokussieren zu können 56

Die guten Vorsätze und was sie scheitern lassen! 60

Wie organisiere ich mein Leben besser? 63

Nicht nur träumen, sondern auch machen! 68

Schritt für Schritt mehr Selbstdisziplin 69

Wird man mit Selbstdisziplin erfolgreich? 74

Das erwartet Sie in diesem Buch

Jeder kennt die Situationen, wenn man sich Ziele setzt und nach kurzer Zeit keine Kraft und Ausdauer mehr hat, diese Ziele zu erreichen. Sei es die Diät, die jeden Montag neu anfängt oder der Verzicht auf Chips und Schokolade? Vielleicht möchten Sie jedoch Ihr Leben sogar ganz neu strukturieren, einen neuen Beruf erlernen und wissen nicht wie Sie das alles schaffen und angehen sollen. Oder Sie möchten einfach in ihrem Leben etwas verändern oder sogar verbessern? Dann haben Sie mit diesem Buch die richtige Entscheidung getroffen und einen hilfreichen Begleiter gewählt. Denn träumen reicht nicht aus, um Ihre Ziele zu erreichen. Man muss die Sache schon angehen und loslegen. Und das geht nur mit einem Hilfsmittel, welches nicht angeboren ist, aber von jedem Menschen erlernt werden kann. Die Selbstdisziplin!

Damit Sie für Ihre Vorhaben bestens aufgestellt sind, bekommen Sie in diesem Buch nicht nur eine Schritt für Schritt Anleitung für mehr Selbstdisziplin, sondern es erwarten Sie viele Beispiele die Ihnen sicherlich auch aus Ihrem Leben bekannt vorkommen. Diese Beispiele sind gepaart mit nützlichen Hinweisen, Erklärungen und Tipps, die Ihnen viele Lebenssituationen erleichtern können. Ich verspreche Ihnen, wenn Sie all diese Tipps beherzt befolgen, dann werden Sie innerhalb kurzer Zeit positiv davon überrascht sein, zu welcher Leistung Sie fähig sind und Ihr Wohlbefinden wird sich positiv verändern.

Im nächsten Kapitel werden Sie erst einmal Grundlagen erlernen, die wichtig für das Verständnis sind. Denn nur wenn Sie wissen weshalb, warum und wieso, werden Sie sich selbst und die Eigenschaft besser verstehen und einsetzen können. Sie werden lernen, für was im Leben man alles Selbstdisziplin benötigt und warum sie so wichtig ist. Im weiteren Buchverlauf finden Sie die Faktoren, die für ein selbstdiszipliniertes Handeln wichtig sind und zusammenspielen. Vor allem finden Sie hier einige hilfreiche Tipps und Anleitungen, wie Sie diese Faktoren verstärken oder Bekämpfen können.

Sie erhalten eine Anleitung, die es Ihnen ermöglicht geeignete Ziele zu finden und zu definieren. Außerdem lernen Sie, wie Sie diese Ziele im Auge behalten aber dennoch das Entspannen zwischendurch nicht vergessen. Im letzten Kapitel in diesem Buch möchte ich Ihnen mitteilen, wieso manche Menschen erfolgreicher sind als andere und wie es genau dazu kommt. Denn das hat nichts damit zu tun, dass es manche Menschen einfach können und andere eben nicht. Jeder Mensch kann erfolgreich sein und seine Ziele erreichen. Sie benötigen dazu nur das Wissen, welches Sie in diesem Buch finden und schon haben Sie eine sehr hohe Chance darauf, Ihre Ziele zu verwirklichen!

Selbstdisziplin - Was ist das überhaupt?

Ein Buch zum Thema Selbstdisziplin zu schreiben, ist gar nicht so einfach. Vor allem, wenn man mit diesem Buch etwas erreichen und anderen Personen zu mehr Selbstdisziplin verhelfen möchte. Jeder von uns hat Selbstdisziplin, jedoch in unterschiedlichem Maße. Auch definiert jeder den Begriff für sich anders. Die Einen definieren den Begriff für sich mit Eigenschaften wie Unterordnung, Zucht, Gehorsamkeit und Zwang. Die Anderen hingegen denken vielleicht an das disziplinierte Erreichen der eigens gesetzten Ziele. Um dieses Buch zu schreiben, komme ich nicht daran vorbei, mich mit diesem Thema stark auseinanderzusetzen und es verlangt auch von mir einiges an Selbstdisziplin.

Vielleicht haben auch Sie dieses Buch vor sich liegen, weil Sie sich mit diesem Thema beschäftigen möchten oder vielleicht auch müssen. Vielleicht benötigen Sie Tipps, wie Sie zu mehr Selbstdisziplin gelangen? Vielleicht sind Sie auch unzufrieden und möchten etwas verändern? Es kann natürlich auch sein, Sie interessieren sich einfach für das Thema? Oder Sie müssen sich aus anderen Gründen mit diesem Thema auseinandersetzen? Viele unterschiedliche Gründe können der Beweggrund dafür sein, dass Sie sich dieses Buch zugelegt haben.

Damit alle Leser auf dem gleichen Stand sind und ein einheitliches Verständnis von dem Thema bekommen, ist es im Vorfeld sinnvoll die Begriffe Selbst und Disziplin voneinander abzugrenzen und zu definieren. Außerdem möchte ich Ihnen die unterschiedlich beteiligten Körperregionen vorstellen, die mit der Eigenschaft Selbstdisziplin einhergehen.

DAS SELBST

Jeder denkt, er weiß was das Selbst ist. Doch wissen Sie es wirklich? Die Herkunft des Wortes Selbst ist nicht genau zu definieren. Außerdem gibt es viele unterschiedliche Auffassungen des Begriffes. Die Psychologie sieht das Selbst als die Antwort auf die Frage: „Wer bin ich?“ Ob Bäcker, Metzger, Krankenschwester oder Mutter. All das kann eine Antwort auf die Frage sein, wer man ist. Aber ist das alles? Nein, ich bin nicht nur Mutter, Bäcker, Metzger oder Krankenschwester. Es sind unzählige Faktoren die zum Selbst gehören.

Das was den Menschen ausmacht. Wie er ist, wie er handelt, wie er denkt, welche Einstellungen er hat. Das Selbst meint also nicht nur den Beruf oder das Erscheinungsbild einer Person. Es liegt im Inneren eines Menschen verborgen und ist von außen nicht sichtbar oder gar für andere antastbar. Der Begriff Selbst wird außerdem im Sprachgebrauch auf unterschiedliche Weise verwendet. Er kann einen Gegenstand oder die Identität einer Person benennen.

Deutlich wird das bei folgendem Beispiel:

1. Meine Schwester isst von dem gleichen Teller wie ich.
2. Meine Schwester isst von dem selben Teller wie ich.

Anhand des Beispiels kann gut nachvollzogen werden, wie der Begriff Selbst ein Gegenstand beschreiben kann. Bei dem ersten Satz isst die Schwester von einem Teller, der genauso aussieht wie mein Teller. Es ist aber nicht der Selbe. In Beispiel zwei, isst die Schwester vom selben Teller wie ich. Wir teilen uns also einen Teller und essen zusammen von dem selben Teller. Das Selbe bzw. das Selbst benennt also kein Erscheinungsbild eines Gegenstandes, dessen Ursache verschiedenes sein kann. Es ist und bedeutet ein und das Selbe.

Man kann außerdem bei genauer Betrachtung das umgangssprachliche Selbst in das absolute Selbst und das relative Selbst unterteilen, die zwei verschiedene Ebenen des Selbst bilden. Das relative Selbst ist in einem Individuum manifestiert und unauflösbar damit verbunden. Es besteht aus dem Körper des Individuums, der dem unaustauschbar zugeordnet ist. Ebenso kann man dem relativen Selbst die Psyche des Individuums zuordnen. Relativ heißt in diesem Zusammenhang zurückbringend oder rückwirkend. Der Körper und die Psyche verhalten sich relativ zu dem Selbst, da sie wechselseitig auf dieses zurückwirken. Ein absolutes Selbst kann als die Instanz verstanden werden, die das relative Selbst wahrnimmt, ohne selbst dazu zu gehören. Es kann kein Inhalt des relativen Selbst sein, kann aber durch bewusste Entscheidungen in das relative Selbst eingreifen.

Man kann auch sagen, dass das relative Selbst sich von Person zu Person unterscheidet und das Besondere des Menschen ist. Das absolute Selbst hingegen ist das Selbst, welches für alle Personen identisch ist. Das eine Selbst aller Personen. Es ist keine sichtbare Erscheinung und kann somit auch vom relativen Selbst nicht wahrgenommen werden, umgekehrt hingegen schon. Als einfaches Beispiel können Sie sich ein Mädchen vorstellen, welches sich die Nase gepierct und die Haare gefärbt hat. Hier hat das absolute Selbst in das relative Selbst eingegriffen und es somit verändert. Zumindest den körperlichen Teil, der zum relativen Selbst dazu gehört. Ganz einfach gesagt: Das absolute Selbst ist man und das relative Selbst sieht man!

Eine Anregung zum Nachdenken:

Wenn der Begriff Selbst im Sprachgebrauch auf eine andere Weise auch für Gegenstände benutzt wird, haben dann Gegenstände auch ein Selbst? Denken Sie an eine Tasse. Hat diese im Inneren ein Selbst? Vielleicht ist das Selbst eine Eigenschaft, die man Gegenständen und Individuen zuschreiben kann? Oder ist damit nur der Gegenstand an sich gemeint, der von anderen Menschen ebenfalls benutzt werden kann? Was bedeutet es eigentlich, wenn ich von mir selbst rede? Wen meine ich damit? Ich rede doch schon von mir. Ich bin doch schon ich. Wer ist dann das Selbst in mir? Gibt es also noch jemanden anderen in meinem Inneren? Was gehört noch zum Selbst?

Beantworten Sie für sich in Ruhe diese Fragen und überlegen sich, was das Selbst für Sie ist und was es bedeutet.

„Man kann jedem aus dem Weg gehen, nur nicht sich selbst.“ (unbekannt)

Damit Sie sich Selbst und Ihre Handlungsweisen besser verstehen können, kann es helfen, wenn Sie die Begriffe des Selbst, des Es und des Ich unterscheiden können und sich ins Bewusstsein rufen, was damit eigentlich gemeint ist. Für mich ist das Selbst, der Mensch wie er sich in der Gesellschaft verhält. Die Einstellungen, die Charakterzüge, die Kompetenzen aber auch die Äußerlichkeiten oder zugeschriebenen Merkmale. Ich würde es die allgemeinen Verhaltensweisen und die Grundhaltung gegenüber der Gesellschaft nennen. Diese können sich ständig und durch verschiedene Erfahrungen verändern.

Sämtliche Entwicklungsprozesse und Lebensabschnitte, sowie die sich ständig verändernde Umwelt prägen das Selbst und lassen es wachsen. Es stellt für mich die Persönlichkeit des Menschen dar. Das was ich bin und das was mich ausmacht! Das Es ist für mich der sogenannte innere Schweinehund oder das schwarze Teufelchen auf meiner linken Schulter. Die Triebe und das Verlangen nach scheinbar bösem oder etwas, was das Selbst so nicht machen würde. Ich meine hier zum Beispiel sowas wie das letzte Stück Kuchen vom Kaffeetisch nehmen oder aber wieder einmal gegen seinen guten Vorsatz für das neue Jahr zu verstoßen.

Aber auch das Missachten einer roten Ampel, also Dinge, die gegen das Gesetz verstoßen werden von dem Es angetrieben. Das Ich hingegen handelt nach den Anforderungen des Selbst oder des Es. Es ist die ausführende Kraft, die das tut, was von ihm verlangt wird.

„Der längste Weg ist der zu sich selbst.“ (Andreas Hilzensauer, *1985)

Ich möchte Ihnen das Konzept des Selbst von der wissenschaftlichen Seite, mit Hilfe eines bekannten amerikanischen Soziologen, Psychologen und Philosophen, an dem ich mich bei meinen Überlegungen orientiert habe, kurz und knapp erläutern.

George Herbert Mead hat mit seiner Theorie des symbolischen Interaktionismus versucht, die Begriffe **I**, **Self** und **Me** zu unterscheiden und für andere verständlich zu umschreiben. Sprache ist für ihn ein immens wichtiges Instrument, welches als Grundlage für die Identitätsentwicklung steht und für eine funktionierende Gesellschaft unabkömmlich ist. Er teilt das **Self** in zwei Komponenten auf, nämlich in das **I** und in das **Me**. Unter dem **I** sieht er die Spontanität und die Kreativität der Menschen. Außerdem schreibt er die biologisch veranlagten Triebe dem **I** zu. Für ihn ist das **I** außerdem immer eine Reaktion des Organismus auf die Reize außerhalb und von anderen. Es stellt die individuelle Komponente der Menschen dar, das Subjektive. Das **Me** ist für George Herbert Mead die organisierte Gruppe von Haltungen anderer Personen, die wir daraufhin einnehmen. Es verkörpert den objektiven Teil des Menschen.

Wir nehmen als **I** also eine Handlung für das **Me** ein, da das Subjektive auf das Objektive reagiert. Jeder handelt in von uns erwarteten Rollen, da das **I** auf das **Me** reagiert und im Inneren eine Handlung auslöst. Das was andere Menschen von uns erwarten, beispielsweise in der Rolle der Tochter, kann man als **Me** beschreiben. Darauf reagiert dann das **I** und handelt in der Rolle der Tochter. Man kann also sagen, dass das **Me** alle Werte und Normen der Gesellschaft verkörpert und das **I** dann entscheidet ob es diese Regeln, Werte und Normen erfüllt und in welcher Weise. Es ist aber ganz egal ob es die Rolle der Tochter, des Bäckers, des Schwimmmeisters, der Schwester oder der Mutter ist.

Alle Erwartungen an die unterschiedlichen Rollen bilden gemeinsam mit der darauffolgenden Handlung das Selbst. Kurz und knapp: Das **Me** und das **I** bilden zusammen das **Self**. Die Wechselwirkungen zwischen **Me** und **I**, die nur durch die Entwicklung und durch die Erfahrungen der Anderen und der Umwelt eintreten, stellen den Prozess dar, wie der Mensch zu dem wird, was er ist. Das **Self**! Da sich die Gesellschaft und die Lebensumwelten der Menschen ständig und fortlaufend weiterentwickeln, stellt das **Self** kein festes

Konstrukt dar. Es verändert sich mit den wechselnden Anforderungen und Erwartungen stetig weiter, da auch das **I** nicht immer gleich auf das **Me** reagiert und von diesem geprägt wird. Das **Self** kann auch als Identität beschrieben werden und ist demnach nicht mit der Geburt vorhanden. Es entwickelt sich allmählich durch die Erfahrungs- und Entwicklungsprozesse des Menschen.

Sie sehen, der Begriff des Selbst, ist seit vielen Jahren ein Thema und wird auf viele unterschiedliche Weisen aufgefasst und definiert. Mit Sicherheit wird sich das die nächsten Jahre nicht ändern und er bleibt weiterhin wissenschaftlicher Forschungsgestand. Wichtig ist, dass Sie für sich selbst eine Definition finden, mit der Sie im Einklang stehen, um den Begriff zu verstehen und ihn von anderen abgrenzen zu können.

DIE DISZIPLIN

Der Begriff Disziplin ist etwas einfacher zu erklären. Er hat zwar ebenso, wie das Selbst viele verschiedene Definitionen und Auffassungen, diese führen jedoch alle zu einem Ursprung zurück. Er stammt aus dem Lateinischen und bedeutet so etwas wie Zucht, Ordnung und Lehre. Mit Disziplin meint man, das Befolgen von Regeln und Vorschriften und die Unterordnung von Befehlen und Anweisungen. Disziplin ist vor allem bedeutend, damit eine Person sich in einer Gesellschaft integrieren und einordnen kann. Durch sie ist es also möglich, sich einem System hinzugeben und einzuordnen, um seine gesetzten Ziele zu erreichen.

Der Begriff wird in zwei unterschiedliche Bestandteile gegliedert. Es gibt eine intrinsische Disziplin, also von innen heraus und eine extrinsische Disziplin, die von außen beeinflussend wirkt. Beide Formen von Disziplin fördern die Moral und wirken sich in allen Lebensbereichen deutlich positiv aus und führen somit zu einem besseren Wohlbefinden. Jeder versteht diesen Begriff auf seine eigene Art und Weise. Vor allem Erziehende, beispielsweise Erzieher oder Eltern, verbinden das Wort Disziplin damit, das Kinder sich unterordnen und gehorsam sein sollen, ohne dabei Widerworte zu geben. Oder sie sollen sich strikt den vorgegebenen Regeln unterwerfen.

Durch Kontrolle und Besserung durch unterschiedliche Strafmaßnahmen, möchten Erziehende diszipliniert sein und wirken. Die pädagogische Sichtweise auf den Begriff der Disziplin ist verbunden mit der Einhaltung normativer Setzungen eines Sozialgebildes, beispielsweise der Gesellschaft oder des Bildungssystems. Disziplin stellt einen fortwährenden Prozess dar, den es aus pädagogischer Sicht immer zu hinterfragen und zu fördern gilt. Für andere ist Disziplin die Fähigkeit eine Leistung zu erzielen, um somit seine Ziele zu erreichen.

„Disziplin ist nur eine Frage der Zielbewusstheit. Wer seine inneren Bilder klar vor Augen hat, kann die nächste Handlungsgelegenheit gar nicht abwarten." Arnold Schwarzenegger, 1947

Das Thema der Disziplin hat sich meiner Meinung nach in den letzten Jahrzenten deutlich verändert. Früher war Disziplin nicht so ein großes und bedeutendes Thema, wie es heutzutage ist. Damit meine ich nicht, dass Disziplin weniger wichtig war oder nicht benötigt wurde. Es war lediglich um einiges einfacher, der Disziplin Stand zu halten. Mit dem technologischen Fortschritt und der Freisetzung der Menschen aus sämtlichen Lebenslagen, ist Disziplin zu einem schwierigeren stetigen und ständigen Begleiter geworden.

Mit der Freisetzung meine ich die Entscheidungsfreiheit der Gesellschaft, die es früher so nicht gab. In der heutigen Zeit ist es völlig normal, wenn etwas anders läuft, als es eigentlich vorgesehen ist oder wie es noch vor 30 Jahren ablief. Die Menschheit hat unzählige Wahlmöglichkeiten in sämtlichen Lebensbereichen. Sei es die Entscheidung das Abi an einer Abendschule nachzuholen, ein Studium neben dem Beruf oder der Kindererziehung zu bestreiten oder die verschiedenen Freizeitangebote und -aktivitäten, die es mittlerweile gibt. Ganz zu schweigen von dem ständigen Begleiter: Die Ablenkung.

Diese ist durch die technologische Fortschreitung in der heutigen Zeit wesentlich häufiger, als sie es noch vor einigen Jahren war.

Überall lauern versteckte Hindernisse, die Sie von dem abhalten, was sie eigentlich vorhaben. Einzig und allein der Eintritt in die Schule und der Renteneintritt ist gesetzlich festgelegt und muss zu einer bestimmten Zeit vollzogen werden. Das geht an keinem vorbei und kann auch nicht durch ein unterschiedliches Maß an Disziplin bestritten oder nicht bestritten werden. Durch zwei Beispiele, möchte ich versuchen Ihnen meine Gedankengänge deutlicher darzustellen.

„Kein übler Drang des menschlichen Herzens ist so mächtig, als dass dieser nicht durch Disziplin gebändigt werden kann.“

Seneca (4 v.Chr. – 65 n.Chr. römischer Philosoph und Staatsmann)

Beispiel 1:

Sie sitzen an Ihrem Schreibtisch und müssen unbedingt noch die Steuererklärung machen. Da die Erklärung ja mittlerweile über das Internet ausgefüllt und abgegeben werden kann, machen Sie das natürlich auch so. Im Nebenfenster haben Sie den Webbrowser stehen und Facebook geöffnet. Durch das W-Lan sind Sie natürlich auch ständig mit dem Internet verbunden und empfangen über Ihren Outlook-Account Ihre E-Mails, die in einem kleinen Fenster an der Seite aufploppen. Während Sie in dem Programm der Steuererklärung versuchen die Daten einzugeben, kommt eine E-Mail, dass es gerade bei Zalando 10% auf alle Bekleidungsteile im Sale gibt. Noch dazu gibt es bis um Mitternacht Gratisversand. Also was soll es. Sie öffnen im Browser schnell die Seite von Zalando und stöbern dort im Sale. Während Sie ihren Onlineeinkauf tätigen, fällt Ihnen auf, dass Sie auf Facebook 2 Benachrichtigungen haben. Also gehen Sie schnell mal rüber in das andere Fenster und schauen wer Sie angeschrieben hat oder weshalb Sie benachrichtigt wurden. In der Werbung am Seitenrand, finden Sie eine Info über günstige Kühlschränke. Da Sie schon lange einen kleinen Kühlschrank für Ihr Zuhause suchen, müssen Sie natürlich diese Werbung schnell mal aufrufen.

Dieses Beispiel könnte man endlos weiterführen. Und es würde nichts daran ändern, dass Sie nicht mehr bei Ihrer eigentlichen Arbeit, dem Ausfüllen der Steuererklärung sind. Durch das ständige Angebot an anderen Aktivitäten und Werbung für andere interessante Dinge, fällt es unheimlich schwer bei der eigentlichen Arbeit zu bleiben und es benötigt sehr viel Disziplin.

Beispiel 2:

Stellen Sie sich vor Sie sind am Joggen. Natürlich haben Sie Ihr Handy dabei. Wieso auch nicht? Mit dem wird ja die gesamte Strecke aufgezeichnet, um sie später nachverfolgen zu können.

Der Kalorienverbrauch und andere Einzelheiten werden dort ja auch direkt angezeigt. Das kann man mal schnell überprüfen, um zu schauen wie viele Kalorien noch bis zum gesetzten Ziel fehlen. Außerdem möchten Sie ja Musik über Ihre Kopfhörer hören. Dafür braucht man natürlich auch sein Handy. Sonst könnte man ja nicht von unterwegs die Playlist oder den Radiosender wechseln. Außerdem kann es ja sein, dass in der Familien-WhatsApp-Gruppe gerade etwas Wichtiges gepostet wird. Das müssen Sie ja unbedingt von unterwegs aus mitbekommen, um darauf antworten zu können. Oder Ihre beste Freundin ruft an und fragt ob Sie Lust haben einen Kaffee trinken zu gehen. Klar, warum auch nicht? Sie können ja da vorne links abbiegen, dann sind Sie schneller zuhause und können direkt nach dem Duschen los.

So in etwa kann man sich eine „normale“ Joggingrunde vorstellen. Hieran lässt sich gut der zwiegespaltene technologische Fortschritt und der Wandel der Zeit in Bezug zu dem Begriff Disziplin erkennen. Denken Sie mal 30 Jahre zurück. Wie wird diese Joggingrunde da abgelaufen sein? Ja, ganz genau. Da werden Sie kein Handy in der Tasche gehabt haben, welches Sie ablenkt und von dem abhält, was Sie eigentlich tun möchten. Sie werden nicht die Musik zwischendrin gewechselt haben oder auf eine Nachricht geantwortet haben. Auf der anderen Seite muss dieser technologische Fortschritt nicht unbedingt etwas Schlechtes oder negativ Behaftetes sein. Dieser Fortschritt der neuen Medien, wie dem Handy, der Smartwatch oder anderen Fitnessuhren kann ebenso sehr motivierend für viele sein und sie antreiben. Die Uhren zeigen den aktuellen Verbrauch an oder die Laufstrecke in Kilometern. So haben Sie Ihr Ziel immer visuell vor Augen und es treibt an, dieses Ziel zu erreichen oder gar zu überschreiten.

Disziplin ist jedoch auch nach Verwendung in einem anderen Kontext verschieden zu interpretieren. Das Wort Disziplin oder Disziplinen kann auch synonym für einen Teilbereich eines Betätigungsfeldes, ein Schulfach, einen Wissenschaftlichen Bereich oder gewisse Stoffbereiche verwendet werden. Zum Beispiel beim Sport gibt es viele unterschiedliche Disziplinen. Vom 50m Sprint, über den Weitsprung und Hochsprung, bis hin zum Kugelstoßen. Alle Sportarten stellen eine andere Disziplin dar. Wenn wir beim sportlichen Bezug bleiben, kann mit Disziplin auch die Ausdauer bei Aktivitäten gemeint sein. Diese Begriffe werden oft synonym verwendet. Jemand der schnell außer Puste ist, hat weniger Disziplin, als jemand der längere Zeit durchhält.

Genauso ist es bei Teilgebieten der Wissenschaft. Die Erziehungswissenschaft, die frühkindliche Pädagogik, die Bildungswissenschaft, die Sonderpädagogik und noch viele mehr, sind alles Teildisziplinen des Bereiches Pädagogik und werden Disziplin genannt.

Eine Anregung zum Nachdenken:

Gehen Sie die folgenden Fragen im Kopf durch und beantworten Sie die Fragen für sich selbst. Oder noch besser: Nehmen Sie sich einen Zettel und schreiben Sie doch einfach mal die Antworten zu den folgenden Fragen auf. Oft wird einem durch das Aufschreiben viel mehr bewusst und es bleibt länger im Gedächtnis, wie wenn etwas nur kurz überdacht wird. Und da Sie ja wahrscheinlich etwas ändern möchte, empfehle ich Ihnen, die Zeit zu investieren und in einer ruhigen Minute die Antworten niederzuschreiben. Vielleicht wiederholen Sie das sogar noch einmal, wenn Sie dieses Buch gelesen haben und ein paar Wochen vergangen sind. Vergleichen Sie die Antworten dann miteinander und schauen wo es Übereinstimmungen gibt und wo nicht. Vielleicht hat sich bis dahin ja schon etwas in ihrem Leben verändert und es ist besser geworden, als es vorher war.

In welchen Bereichen sind sie besonders diszipliniert? Wo wünschen Sie sich etwas mehr Disziplin? Benötigt man in allen Lebensbereichen und -situationen Disziplin? Wie oft haben Sie Ihre guten Neujahresvorsätze schon über Bord geworfen? Haben Sie schon etwas aufgegeben, weil es Ihnen an Disziplin gefehlt hat? Wer treibt Sie an? Kommt der Antrieb aus Ihrem Inneren oder werden Sie von außen angetrieben? Was lenkt Sie am meisten ab? Können Sie diese Sachen/Personen umgehen?

SELBSTDISZIPLIN IST NICHT GLEICH DISZIPLIN

Jetzt haben Sie die Begriffe des Selbst und der Disziplin kennengelernt und können sie klar voneinander abgrenzen. Durch die Begriffe der intrinsischen und extrinsischen Disziplin, ist Ihnen wahrscheinlich schon klar, dass Selbstdisziplin nicht gleich Disziplin oder diszipliniert bedeutet. Ein Mensch kann auf unterschiedliche Weise diszipliniert sein. Die intrinsische Disziplin, ist diese, um die es in dem Buch eigentlich geht. Die Selbstdisziplin. Sie kommt von innen heraus und wird von dem eigenem Antrieb motiviert.

Der Mensch reguliert sich ganz bewusst aus dem inneren Selbst. Es ist das entschieden eigenkontrollierte Denken und Handeln, mit dem Sie Ihre eigenen Ziele und Zwecke erreichen können. Auch die intrinsische Disziplin ist ordnungsorientiert und befolgt Regeln, konditionierte Rituale und hält Richtlinien ein. Die Ziele für die Selbstdisziplin benötigt wird, werden entweder von einer hierarchisch übergeordneten Instanz vorgegeben, der Sie sich verpflichtet fühlen oder sie werden von Ihnen selbst aufgestellt.

Während die intrinsische Disziplin von innen heraus gesteuert wird, bedeutet extrinsische Disziplin, dass sich die Personen unterschiedlichen Verboten, Anweisungen, Geboten und Vorschriften unterwerfen müssen. Man kann diese Disziplin auch als Fremddisziplin bezeichnen. Aus der Sicht der Autorität spielt es keine Rolle ob diese Disziplin eine selbstbestimmte oder fremdbestimmte Unterwerfung ist. Mit Autorität meine ich eine Person oder eine Gemeinschaft, die diese Verbote, Anweisungen, Gebote oder Vorschriften stellt. Bei einer Autorität kann es sich aber auch um eine überzeugende Idee, das eigene Gewissen oder einen Gott handeln.

Der Unterschied der beiden Begriffe besteht nicht in der Art der Leistung, also der Disziplin, sondern in der unterschiedlichen Übereinstimmung mit der zu bewältigenden Aufgabe. Wird die Aufgabe befolgt, weil ich mich dieser Unterweisung gerade hingeben muss oder wird sie befolgt, weil ich es gerade möchte? Wenn ich mich einer Unterweisung hingebe, weil ich es muss, dann ist diese Disziplin extrinsisch bestimmt. Möchte ich diese Aufgabe aber erledigen und kommt es somit zu einer Einsicht über die Notwendigkeit der Unterwerfung, Zucht oder wie auch immer man es nennen möchte, dann wandelt sich die extrinsische Disziplin in die intrinsische Disziplin um. Umgekehrt gilt dieser Schluss auch, wenn ich eine Forderung nicht mehr einsehe und sie nur noch mache, weil es sein muss. Dann wandelt sich die intrinsische Disziplin oder auch Selbstdisziplin genannt, in die extrinsische Disziplin, die Fremddisziplin um.

Sie können anhand der beiden Formen der Disziplin unschwer erkennen, dass Selbstdisziplin frei macht. Man macht etwas gerne. Während man sich bei der Fremddisziplin immer einschränken und überwinden muss. Selbstdisziplin kann nicht einfach vererbt oder durch Disziplinarmaßnahmen erlangt werden. Auch ein Kind, welches keine Disziplinarmaßnahmen mit auf den Weg bekommt, lernt sich in gewissen Dingen und auf eine gewisse Art selbst zu disziplinieren. Wenn wir bei dem Beispiel Kind bleiben, dann lässt sich beobachten, dass Selbstdisziplin nicht über Nacht vorhanden ist.

Es benötigt von den Eltern eine lange Zeit des Wartens, bis Kinder etwas von selbst herausfinden. Oft benötigen sie unzählige Versuche, bis sie für sich den richtigen Weg gefunden haben, mit dem sie zum Erfolg gelangen. Greift man hier nicht mit Disziplinarmaßnahmen ein und lässt den Kindern die Chance diesen Weg selbst zu gehen und zu wählen, dann werden sie daraus lernen und es aus eigenem Antrieb wollen. Hier passt gut das Sprichwort: Aus Fehlern lernt man! Greift man hingegen in den Prozess der Entwicklung bei den Kindern ein, dann führt es nicht wirklich zur Selbstdisziplin, sondern wird extrinsisch durch Gehorsamkeit sichtbar.

WELCHE KÖRPERREGIONEN SIND BETEILIGT?

Zum Thema der Wirkungsweise bzw. der Neurobiologie der Selbstdisziplin möchte ich Ihnen gar nicht allzu viel erzählen. Sie möchten ja schließlich kein Arzt werden, sondern nur die groben Mechanismen und Körperregionen wissen, die an der Fähigkeit der Selbstdisziplin beteiligt sind. Natürlich denkt man bei beteiligten Körperregionen sofort an das Gehirn, der Teil des zentralen Nervensystems, welcher im Kopf liegt. Bei unterschiedlichen bildgebenden Verfahren und Untersuchungen des Gehirns, wurde festgestellt, dass ein Netzwerk aus vielen verschiedenen Regionen des Gehirns eine wichtige Rolle spielen. Besonders die Gehirnregion des medialen orbitofrontalen Cortex (mOFC) spielt für die Selbstdisziplin eine zentrale Rolle.

Wissenschaftler vermuten, dass dieser Bereich für die Folgenabschätzung und dem zukunftsbezogenen Vorstellungsvermögen zuständig ist. Ist dieser Bereich geschädigt, kann es dazu kommen, dass die Selbstdisziplin in Fremddisziplin umschwenkt, da die Folgen nicht mehr eingeschätzt werden können und sich so der innere Antrieb verändert. Je nach Grad der Schädigung des Gehirns, kann es natürlich auch zur völligen Disziplinlosigkeit kommen. Beispielsweise wenn ein Mensch das Bewusstsein verloren hat. Doch ist das schon alles? Sind nicht noch mehr Körperregionen an dem Prozess der Selbstdisziplin beteiligt? Je länger ich darüber nachdenke, wird es immer schwieriger klare Regionen im Körper abzugrenzen. Ich möchte mich auch gar nicht weiter auf einzelne Regionen beschränken, denn für mich gehört einfach der gesamte Körper dazu.

Stellen Sie sich vor, Sie sind ein sehr engagierter und motivierter Sportler. Dreimal die Woche gehen Sie im Wald joggen. Den Ausdauersport kombinieren Sie mit Kraftsport, welchen Sie zweimal die Woche im örtlichen Fitnessstudio ausüben. Sie sind also gesundheitlich und sportlich auf einem sehr hohen und guten Niveau. Ihre Ausdauer ist super und Sie nehmen regelmäßig an Wettkämpfen und Marathonläufen teil. Morgen steht der nächste Halbmarathon an, an dem Sie teilnehmen. Sie freuen sich sehr auf den nächsten Tag, fühlen sich super vorbereitet und sind total motiviert den Lauf zu absolvieren. Am Morgen des Laufs fühlen Sie sich etwas angeschlagen. Sie haben die Nacht auch nicht so gut geschlafen und sind noch etwas müde, obwohl Sie am Vorabend extra früh ins Bett gegangen sind. Wahrscheinlich macht sich eine Infektion in Ihrem Körper breit. Da Sie sich so auf den Lauf freuen und weiterhin total motiviert sind, lösen Sie sich eine Aspirin Plus C in einem Wasserglas auf und trinken es. Nach kurzer Zeit fühlen Sie sich etwas besser und bereit für den Lauf. Sie machen sich also auf den Weg zu dem heutigen Halbmarathon. Während Sie an der Startlinie stehen macht sich ein ungutes Gefühl in Ihnen breit und Sie denken für kurze Zeit darüber nach, ob Sie wirklich starten sollen. Mit dem Startschuss sind Ihre Gedanken allerdings sofort verflogen und Sie beginnen zu laufen und zu laufen. Die ersten Kilometer laufen richtig gut und Sie liegen in einer Top Zeit. Nach den ersten fünf Kilometern merken Sie allerdings, wie Sie sich von Meter zu Meter schlechter fühlen und Ihr Kreislauf etwas schlapp macht. Nach weiteren 500 Metern, die Sie sich weitergeschleppt haben, ist der Lauf für Sie dann ganz zu Ende und Ihr Körper kollabiert.

Mit diesem Beispiel möchte ich Ihnen veranschaulichen, was ich damit meine, dass der gesamte Körper des Menschen an der Fähigkeit der Selbstdisziplin beteiligt ist und nicht nur die Region des Gehirns. Sie hatten während und auch vor dem Lauf, die nötige Selbstdisziplin, um diesen Halbmarathon bestreiten zu können. Ihr Körper ist daran schuld, dass Sie diesen Halbmarathon nicht bestreiten konnten. Das hat nichts damit zu tun gehabt, dass es Ihnen an Disziplin gefehlt hat. Ihr Körper hat Ihnen einen Strich durch die Rechnung gemacht, da er gesundheitlich nicht dazu in der Lage war durchzuhalten. Wären Sie an dem Tag körperlich fit gewesen, dann hätten Sie mit Sicherheit diesen Lauf wie immer mit einer spitzen Leistung absolviert. Denn Ihre Motivation und Ihr innerer Antrieb waren ja groß genug.

Es ist eben nicht alles selbst steuerbar, egal wie sehr man es möchte oder auch eben nicht!

Ein wichtiger Begleiter im Leben

Ich hab eine Freundin, die gefühlt jeden Montag eine Diät anfängt und einen neuen Abnehmversuch startet. Nach sehr kurzer Zeit hört sie wieder auf und findet jedes Mal einen neuen Grund, warum es diesmal nicht geht und wieder nicht sein soll. Ob es ein bevorstehender Geburtstag ist oder eine vorgeschobene Krankheit. Ständig verschiebt sie auf den nächsten Montag. Sie hat ein Ziel, will es gerne erreichen, fängt es an und hört nach kurzer Zeit wieder auf. Sicherlich kann das viele unterschiedliche Gründe haben, doch in den meisten Fällen scheitert es an einer bedeutenden Eigenschaft: Der Selbstdisziplin!

Für viele Personen kommen schon bei dem Gedanken an den Begriff „Selbstdisziplin" erhebliche Zweifel auf und sie verfallen in Stress, Angst und Panik. Sie stellen sich vor, sie müssen Dinge tun, auf die sie eigentlich keine Lust haben. Doch genau das sollten sie jetzt tun. Es geht darum, genau die Dinge zu tun, auf die man eigentlich keine Lust hat, da man weiß, dass sie einen im Leben weiterbringen.

Selbstdisziplin stellt die Wurzel aller erreichbaren Ziele dar, die sich der Mensch im Leben setzt. Ganz egal was es auch immer ist. Es bedeutet immer, dass man sich vor Augen halten muss, was man erreichen möchte. Die Ärmel müssen hochgekrempelt und die Zähne zusammengebissen werden, bis man sein Ziel erreicht hat. Es bedeutet ebenso seinen inneren Schweinehund zu bekämpfen und gegen die bösen Stimmen im Kopf anzutreten, die uns in der Komfortzone behalten wollen.

Von nichts, kommt eben: Ja genau, Nichts! Man kann auch sagen: Vor dem Preis, stets der Schweiß! Gemäß diesem Sprichwort sollten Sie sich bewusst machen, dass Sie in den allerwenigsten Fällen erfolgreich sein können, ohne dafür etwas zu tun und sich anzustrengen. Das ist reines Wunschdenken von vielen Personen. Doch es bedeutet nicht gleich, dass

Sie Ihr gesamtes Leben von jetzt auf gleich verändern müssen. Ein paar kleine einfache und gezielte Disziplinen, die in den Tag eingebaut werden, bringen enorme Ergebnisse mit sich. Denn jede bestrittene Disziplin, beeinflusst die nächsten. Es wirkt sich somit positiv auf Ihr Wohlbefinden aus und begleitet Sie im Alltag.

Es ist 5 Uhr morgens und ihr Wecker klingelt. Sie müssen aufstehen, da Sie um 6 Uhr auf der Arbeit sein müssen. Ach nein, heute nicht. Sie haben den Wecker auf 5 Uhr gestellt, da sie um 6 Uhr am Bahnhof sein möchten, um mit dem Zug zum Flughafen zu fahren. Heute geht es nämlich in den Urlaub.

Egal welche der beiden Situationen zutrifft. Für beide benötigen Sie Disziplin, um die Augen offen zu lassen und aufzustehen. Ich möchte Ihnen hiermit verdeutlichen, dass Selbstdisziplin sie durch den gesamten Tag begleitet. Es gibt nur sehr wenige Augenblicke, in denen man keine Disziplin benötigt. Jeder Mensch ist mehr oder weniger diszipliniert. Es gibt niemanden, der kein bisschen Selbstdisziplin besitzt, auch wenn manche Menschen das von sich denken. Denn wie Sie in dem Beispiel sehen, benötigt man schon zum morgendlichen Aufstehen ein gewisses Maß an Selbstdisziplin.

WOFÜR BRAUCHT MAN SELBSTDISZIPLIN?

„Enkratia" bedeutet in der griechischen Philosophie so viel wie Selbstdisziplin. Mit diesem Begriff bezeichnet man dort das Ideal eines Menschen, der die eigene Freiheit für die Entwicklung und Ausübung eines selbstbestimmten, tugendhaften Lebens verwendet. Der Mensch schränkt sich ganz bewusst ein und verzichtet auf viele Dinge, die ihm eigentlich Spaß machen, da er weiß, dass es sich positiv auf seinen Lebensweg ausübt. Es geht um Macht, die über sich selbst ausgeübt wird, damit der Mensch erfolgreich zu seinem angestrebten Ziel gelangt. Diese griechische Sichtweise lässt sich auch auf uns übertragen.

Selbstdisziplin ist also besonders wichtig, um sein Leben selbstbestimmt führen zu können und sich nicht fremdbestimmen zu lassen. Zu wenig Selbstdisziplin geht also immer einher mit einer Fremdbestimmung. Denn es wird immer Dinge geben, die man machen muss, obwohl man sie nicht möchte. Wenn die Einsicht zur Durchführung fehlt und es nur gemacht wird, da es gemacht werden muss, sind wir also fremdbestimmt. Wir sind eingeengt in unserem eigenen Leben. Auch der eigene Körper kann einen einengen und uns fremdbestimmen. Durch zwei Beispiele möchte ich wieder versuchen, Ihnen das Thema etwas näher zu bringen und verständlich zu vermitteln.

Beispiel 1:

Stellen Sie sich vor, Sie sitzen gemütlich mit Ihren Freunden auf der Couch und schauen einen Film. Sie haben heute nichts zu Abend gegessen, da Sie erst spät von der Arbeit nachhause gekommen sind. Sie wollten unbedingt pünktlich zu der Verabredung mit Ihren Freunden erscheinen und haben deshalb auf das Essen verzichtet. Vor Ihnen liegt eine Tüte Chips, eine Tafel Schokolade und andere Knabbereien. In der Hand halten Sie gerade schon Ihre dritte Flasche Bier. Sie greifen beherzt in die Tüte Chips und nehmen sich ein Stück Schokolade. Das Ganze machen Sie nicht nur einmal, sondern ein paar Mal.

Obwohl ihr Kopf weiß, dass diese Ernährung ungesund ist und sogar auf Dauer schädlich für Ihren Körper und die Gesundheit ist, haben Sie sich den Leckereien hingegeben und sie genüsslich verdrückt. Ihr Magen hat Ihnen durch das Hungergefühl vorgegeben, was Sie machen sollen. Ihr Körper wurde also von dem Hungergefühl fremdbestimmt.

Wenn Sie vorher jedoch genau aufgepasst haben, und den Unterschied zwischen Selbst- und Fremdbestimmung verstanden haben, dann wird Ihnen aufgefallen sein, dass sich auch eine Form der Selbstdisziplin in dem Beispiel findet. Sie wollten unbedingt pünktlich zu der Verabredung mit Ihren Freunden erscheinen und haben deshalb ganz bewusst auf das Abendessen verzichtet. Sie wussten, wenn Sie sich jetzt noch die Zeit nehmen und etwas essen, dann werden Sie zu spät kommen. Also haben Sie das Essen sein lassen und sind direkt los.

Beispiel 2:

Stellen Sie sich vor Sie sitzen gemütlich mit ihren Freunden auf der Couch und schauen einen Film. Sie mussten länger arbeiten und sind deshalb erst spät nachhause gekommen. Leider sind Sie deshalb zu spät zu Ihrer Verabredung gekommen. Sie mussten ja schließlich noch etwas essen. Wären Sie direkt nach der Arbeit los zu Ihren Freunden, dann hätten Sie nichts mehr essen können. Vor Ihnen auf dem Tisch liegen eine Tüte Chips, eine Tafel Schokolade und andere Leckereien. In der Hand halten Sie gerade eine Flasche Bier. Von den Leckereien am Tisch nehmen Sie sich nichts. Sie haben ja schließlich schon eine Flasche Bier in der Hand und wissen, dass diese Ernährung nicht sonderlich gesund ist. Außerdem sind Sie ja durch Ihr Abendessen gesättigt.

Obwohl Ihr Kopf weiß, dass es unhöflich ist, zu spät zu kommen und das werden Sie tun, wenn Sie noch etwas Essen, geben Sie sich Ihrem Hungergefühl hin und essen etwas. Ihr Körper wird fremdbestimmt und tut das, was der Magen ihm sagt. Gegenüber dem ersten Beispiel bleiben Sie allerdings standhaft, was die ungesunden Leckereien betrifft. Denn Sie wissen ja, dass es ungesund und schädlich sein kann für den Körper und schränken sich so ganz bewusst aus eigenem Antrieb ein.

Anhand beider Beispiele lässt sich schön darstellen, dass Selbstdisziplin von jedem Individuum in anderem Maße und ganz individuell benötigt wird. Es kommt immer ganz darauf an, nach welchen Werten und Normen der Mensch lebt und was ihm gerade wichtig erscheint. Jedes Individuum ist durch unterschiedliche Dinge und Einflüsse geprägt. Das zeigt sich in den unterschiedlichen Verhaltensmustern. Es ist eben nicht jeder gleich und das ist auch gut so! Aber wissen wir jetzt wofür wir Selbstdisziplin alles benötigen?

Man kann sagen, dass Selbstdisziplin unser täglicher Begleiter in fast jeder Lebenssituation ist. Es lässt sich nicht genau aufführen, wofür

Selbstdisziplin alles gebraucht wird. Ich denke, da lassen sich unendlich viele Beispiele finden, die man gar nicht alle aufschreiben kann. Vor allem, da Selbstdisziplin immer individuell in unterschiedlichen Maße benötigt wird. Eines kann man aber sagen: Um an sein Ziel zu gelangen, führt kein Weg an der Selbstdisziplin vorbei. Sei es im beruflichen Alltag oder in der Freizeit. Für alles müssen Sie Selbstdisziplin aufbringen und anwenden, sonst wird Ihnen der Erfolg nicht gelingen. Er wird zumindest nur sehr zögerlich fortschreiten. Nur mit Selbstdisziplin als Motor, gelangen Sie zu Ihren Zielen. Oder noch deutlicher ausgedrückt: Selbstdisziplin ist der Schlüssel zum Erfolg!

WAS VERÄNDERT SICH DURCH SELBSTDISZIPLIN?

Das Buch heißt: Selbstdisziplin- Der Weg zu einem besseren Leben. Schon allein der Titel sagt aus, dass Selbstdisziplin das Leben im positiven Sinn verändert. Der künftige Zustand, den Sie durch die Selbstdisziplin anstreben, stellt also etwas dar, was gut für Sie ist und Ihrem Körper gut tut. Durch eine selbstdisziplinierte Haltung erreichen Sie Ihre gesetzten Ziele und verbessern so das allgemeine Wohlbefinden. Sei es der körperliche, psychische oder spirituelle Zustand. Vor allem ist es Ihnen durch Selbstdisziplin möglich, dass zu tun, wovon Sie überzeugt sind, was Sie wirklich möchten und gut für Sie ist. Sie tun nicht willenlos das, was Ihnen eine kurzfristige Freude verschafft, sondern Sie erreichen die wirklich nützlichen und nachhaltigen Ziele, die Sie in Ihrem Leben nach vorne bringen.

Auch wenn es für manche Personen so aussehen mag, als würde Selbstdisziplin einengen oder eine Spaßbremse sein, bringt sie in Wirklichkeit echte Freiheit für das Leben. Es kann ein sehr schwieriger, steiniger und anstrengender Weg sein, seine Ziele zu verfolgen. Vor allem erfordert es ein hartnäckiges Dranbleiben und viel Mühe, um die Ziele zu erreichen. Aber ist es das wirklich? Schwierig, anstrengend und mit viel Mühe verbunden? Ja in erster Linie schon. Aber es zahlt sich im weiteren Verlauf und mit steigendem Erfolg aus und es macht immer mehr Spaß den gesetzten Zielen nachzugehen. Mit wachsender

Selbstdisziplin wird es immer einfacher und Sie benötigen viel weniger Kraft und persönlichen Einsatz, um Ihre Ziele zu erreichen. Laut wissenschaftlichen Erkenntnissen steigt der Aufwand, um die Disziplin einzuhalten ab dem dritten Tag, für ungefähr drei Wochen lang an. Nach der dritten Woche ist die Selbstdisziplin dann auf dem höchsten Punkt und ab diesem Zeitpunkt wird es bedeutend einfacher die Ziele zu verfolgen. Hier kommt dann die Gewohnheit ins Spiel.

Nach ungefähr drei Wochen können Sie davon ausgehen, dass dieser neue Lebenszustand langsam zur Gewohnheit wird und es Ihnen deshalb leichter fällt, diese Regeln einzuhalten. Das soll jedoch keinesfalls bedeuten, dass es ab jetzt einfach ist und Ihnen nichts mehr passieren kann, was Sie zurückwirft oder Ihnen ein Strich durch die Rechnung macht. Sie brauchen weiterhin ein gewisses Maß an Selbstdisziplin, um die Gewohnheit beizubehalten, es ist nur weniger als zuvor geworden. Falls Sie Ihre langfristig gesetzten Ziele noch nicht erreicht haben, dann kann der Grund dafür sein, dass Sie Ihren kurzfristigen Zielen eine höhere Priorität zugeschrieben haben.

Es bringt Ihnen rein gar nichts, ihre Aufgaben ständig vor sich herzuschieben. Die Lehrbücher, die Sie für die Bachelorarbeit lesen müssen, ständig in die Hand zu nehmen und wieder wegzulegen, da Sie lieber mit Freunden an den Strand fahren möchten. Sie werden sehr oft wieder von vorne anfangen müssen und das kostet Sie einiges an Zeit. Zielführendes Zeitmanagement ist etwas ganz anderes. So gehen Sie den falschen Weg. Um das allgemeine Wohlbefinden zu steigern, sollten Sie Ihren langfristigen Zielen nachjagen und aufhören den kurzfristigen Zielen die höhere Priorität zuzuschreiben. Halten Sie sich stets die langfristigen Vorteile vor dem Auge.

Überlegen Sie sich doch selbst einmal, was Sie durch Selbstdisziplin erreicht haben? Welche Vorteile hat Ihnen dieses Verhalten gebracht? Bestimmt fallen Ihnen sehr viele Dinge im Leben ein, die Sie nur mit dem richtigen Maß an Selbstdisziplin erreicht haben. Vielleicht Denken Sie gerade an Ihre Studien- oder Ausbildungszeit zurück? Oder an das leidige Thema Abnehmen? Wenn ich darüber nachdenke, dann fallen mir unsagbar viele Dinge ein, die ich nicht erreicht hätte, wenn ich nicht hartnäckig am Ball geblieben wäre. Auch wenn der Weg nicht einfach war und ich lieber in einigen Momenten etwas anderes getan hätte. Im Nachhinein hat sich dieser anstrengende und steinige Weg mehr als gelohnt. Denn dadurch habe ich das erreicht, was ich mir vorgestellt habe. Und wer ist nicht glücklich darüber, dass zu erreichen was er sich vorstellt? Ganz genau, jeder!

Und jetzt denken Sie daran, was es Ihnen gebracht hat, wenn Sie aufgegeben haben und Ihr Ziel aus den Augen verloren haben? Sie sind kurzeitigen Zielen nachgegangen und haben Ihre längerfristigen erfolgversprechenden Ziele schleifen lassen. Diese Disziplinlosigkeit führt zu Ziellosigkeit. Sie schieben Ihre Ziele immer weiter auf und hoffen, dass durch Ihr naives Wunschdenken der Erfolg zu Ihnen fliegt. Aber genau das Hoffen und Bangen, dass sich etwas verändert, bringt rein gar nichts. Nichts im Leben bekommt man gratis. Schon gar keinen Erfolg!

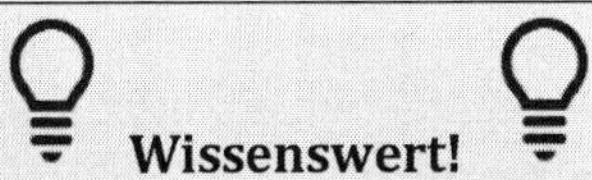

Es bestehen zahlreiche Studien zum Thema Selbstdisziplin. Vor allem für was Selbstdisziplin gut ist und worauf sie sich auswirkt. Vorstellen möchte ich Ihnen hier eine Längsschnittstudie aus dem Jahre 2011. Längsschnitt bedeutet, dass diese Studie über mehrere Jahre lief und die Daten nicht nur einmal bei den Untersuchungsteilnehmern erhoben wurden. Mit dieser Methode erhält man Ergebnisse, die die Entwicklung betreffen und die Auswirkungen auf diese beschreiben können. Während dieser Studie wurden an Personen Fähigkeiten untersucht, die sich auf die Selbstkontrolle auswirken und eventuell einen Einfluss auf die Erfolge im Leben haben werden. Hierzu zählt unter anderem auch die Fähigkeit der Selbstdisziplin. Die Daten wurden unabhängig von dem sozialen Status und der Intelligenz der Probanden erhoben. Die Ergebnisse der Studie lassen klar und deutlich hervorheben, dass ein diszipliniertes Selbst, einen starken Einfluss auf den späteren Erfolg im Leben haben wird. Die selbstdisziplinierten

Personen sind zufriedener und von einem höheren materiellen Wohlstand geprägt. Was daraus schließen lässt, dass sie erfolgreicher im Job sind. Außerdem hat sich eine hohe Selbstdisziplin positiv auf den gesundheitlichen Zustand der Personen ausgewirkt.

Des Weiteren bezog die Studie eine noch laufende multidisziplinäre Gesundheits- und Entwicklungsuntersuchung aus Neuseeland und deren qualitative und quantitativen Daten mit ein. Die weltberühmte Studie „The Dunedin Multidisciplinary Health and Development Study" wird seit dem Jahr 1976 durchgeführt und bezieht 1037 Personen ein, die in dem Jahr 1973 geboren wurden. Diese Personen wurden bisher im Alter von 3, 5, 7, 9, 11, 13, 15, 18, 21, 26, 32 und 38 Jahren medizinisch untersucht und zu vielen verschiedenen Lebenssituationen und Ereignissen befragt. Auch weitere Untersuchungsmethoden wie Beobachtungen kamen bisher zum Einsatz und haben die zu erhebenden Daten genauestens erfasst. Deutlich hervorzuheben an dieser Studie ist, dass sie über solch einen langen Zeitraum den größten Teil der Teilnehmer motivieren konnte, weiterhin an der Studie teilzunehmen. Bei der Untersuchung der Personen im Alter von 38 Jahren, haben noch 96% der bis dahin lebenden Person teilgenommen, die schon in dem Alter von drei Jahren bei der Untersuchung dabei waren. Diese hohe Zahl der immer wieder teilnehmenden Personen steht für eine hohe Verlässlichkeit der gewonnenen Ergebnisse.

JEDE MEDAILLE HAT ZWEI SEITEN!

Eben haben Sie gelernt, dass durch Selbstdisziplin das Wohlbefinden gesteigert wird und es zu Erfolg in sämtlichen Lebensbereichen kommt. Doch ist das wirklich immer so? Eine Kommilitonin hat mir mal gesagt, dass sie sich von sich selbst enorm unter Druck gesetzt fühlt, um ihrem Anspruch, die gesetzten Ziele zu erreichen, gerecht zu werden. Sie fühlt sich dadurch schlecht und sie hat das Gefühl, dass ihr die Lebensfreude genommen wird. Sie hält sich selbst für eine Perfektionistin und ist enorm selbstdiszipliniert. Manchmal wünsche ich mir sogar, dass sie mir ein Stückchen davon abschneidet. Aber gerade das, scheint ihr zum Verhängnis zu werden.

Spontanität gibt es nicht bei ihr und sie kann sich auch nicht erinnern, wann sie das letzte Mal ihre Freunde getroffen hat. Oder überhaupt etwas aus Spaß unternommen hat. Sie hinterfragt in sämtlichen Lebenssituationen ob ihr Handeln gerade passend ist oder nicht.

Ist das noch ein gesundes Maß an Selbstdisziplin? Bedeutet Selbstdisziplin sich ständig in allen Lebenssituationen zu zügeln und einzuschränken? Ich denke auch hier kommt es auf ein gesundes Maß an. Wie bei fast allem im Leben. Hat man den Anspruch eine Prüfung zu bestehen, dann beißt man die Zähne zusammen und lernt. Auch wenn die Freunde gerade zum Grillen einladen. Vielleicht kann man ja auch schon einiges. Dann hat man auch einmal eine Pause verdient und legt diese vielleicht ein, um auf die Grillparty von Freunden zu gehen. So gewinnt man ja auch wieder neue Kraft und bekommt die notwendige Energie, die man benötigt, um die Selbstdisziplin aufzubringen.

Wenn man natürlich den Anspruch hat und in allen Lebensbereichen der Beste sein möchte, dann kann das, wie eben beschrieben, in ein ungesundes Maß abrutschen und zu einem schlechteren Wohlbefinden führen. Denn dann ist keine Einladung zum Grillen bei Freunden drin. Sie wissen ja, dass Ihre Prüfung ansteht, in der Sie am besten abschneiden möchten. Das bedeutet für Sie, jede freie Minute in das Lernen für die Prüfung zu investieren. Schnell merken Sie selbst, welches Ziel Ihren Anforderungen entspricht. Das Gute ist ja, dass jeder seines Glückes Schmied ist. Jede Person setzt sich seine Ziele selbst und entscheidet somit ob es reicht, auch einmal der zweite oder dritte zu sein.

Als gut gemeinten Tipp möchte ich Ihnen mit auf den Weg geben: Finden Sie ein gesundes Maß an Selbstdisziplin. Man muss nicht immer in allen Lebenslagen der Beste, Schönste oder Schnellste sein. Diese Ziele können oft mit negativen Auswirkungen zusammenhängen.

Eine Anregung zum Nachdenken:

Denken Sie einmal an einen sehr erfolgreichen und berühmten Schauspieler. Wie erreichen die Schönen und Reichen, wie sie oft genannt werden, solch einen Erfolg? Genau! Sie arbeiten sehr hart, um ihre Ziele zu verwirklichen. Es scheint so, als erreichen sie durch ihre Selbstdisziplin alles, wovon manch einer nur träumen mag. Anerkennung, Bekanntheit, finanzieller Ruhm und Wohlstand bringt dieses Leben mit sich. Dazu kommt man natürlich nur mit einer sehr harten Selbstdisziplin und einem Verzicht vom kurzzeitig Bequemen und Spaßigem. Nur so kann man die langfristigen Ziele erreichen. Ansonsten könnte man den dazugehörigen Anforderungen des Prominentenlebens nicht gerecht werden. Nicht selten fliegen Prominente mehrmals am Tag zu verschiedenen Terminen, damit Sie den Anspruch an ihre Person gerecht werden. Der letzte Dreh endet vielleicht nachts um 00 Uhr, dann noch eine halbe Stunde zum Hotel, duschen, ins Bett und um 4:30 Uhr klingelt schon wieder der Wecker, da die Person um 5:15 Uhr zum nächsten Termin abgeholt wird. An den wenigen Schlaf gewöhnen sich die Berühmten. Doch gewöhnt man sich auch an die wenige Zeit? Vielleicht ist es Zeit, die einem mit der Familie fehlt? Zum Leben eines jeden Prominenten gehört der ständige Schatten eines Reporters. Ein Eis in der Stadt essen, ohne erkannt zu werden? Das ist für viele fast unmöglich. Sind diese Ziele es Wert, auf so viele Dinge zu verzichten? Für mich wäre so ein Leben definitiv nichts. Doch das muss jede Person für sich selbst entscheiden und wissen, wie wichtig ihm Dinge wie Ruhm, Wohlstand, Bekanntheit und Anerkennung im Leben sind. Möchte ich genau diese Dinge im Leben erreichen und dafür auf Dinge, wie zum Beispiel ein geregeltes Familienleben, verzichten? Oder möchte ich lieber jeden Nachmittag zuhause sein, um mit meinen Kindern und dem Lebenspartner gemeinsam Abend zu essen? Viele Dinge lassen sich aber eben im Leben nicht miteinander vereinbaren.

Wie sagt man so schön? Einen Tod muss man sterben. Zum Glück ist jeder Mensch verschieden und hat unterschiedliche Ansprüche und Prioritäten. Sonst wäre das Leben ja langweilig und für alle gleich.

Was ich eigentlich damit sagen wollte ist: Ist dieser große Erfolg immer gut? Denken Sie nur an die vielen Promis denen der Druck zu groß wurde und die in die Alkohol- oder Drogensucht abrutschen. Nicht selten sind wichtige berühmte Persönlichkeiten durch mysteriöse Umstände ums Leben gekommen. Ob es Selbstmord oder der berühmte goldene Schuss war, ist oftmals nicht klar. Viele können diesen Anforderungen auf Dauer nicht gerecht werden. Eventuell fällt ihnen auf, dass sie mit dem großen Verzicht der eigenen Bedürfnisse nicht zurechtkommen. Oder sie wurden von Kindesbeinen auf in diese Rolle gedrängt? Ich habe sofort an den Schauspieler Macaulay Culkin gedacht. Der Schauspieler stand mit 4 Jahren das erste Mal vor der Kamera und mit 10 Jahren gelang ihm mit dem Film „Kevin- Allein zu Haus“ der große Durchbruch. Danach spielte er in vielen verschiedenen Filmen mit. In den letzten Jahren macht er jedoch nur noch negative Schlagzeilen und ist bekannt für seine Drogensucht. Er selbst hat mal in einem Interview erzählt, dass er nachts zwischen 2 und 4 Uhr Spaziergänge draußen macht, da ihn dort selten jemand erkennt und anspricht. Ob dieses Verhalten der Selbstdisziplin und dem damit verbundenen Prominentenleben geschuldet ist oder vielen anderen familiären und beruflichen Niederschlägen, lässt sich nicht sagen. Eines ist jedoch klar: Eine Zukunft in einer bekannten Drogensucht hat er sich bestimmt nicht ausgesucht.

Welche Faktoren spielen eine Rolle?

Selbstdiszipliniert zu sein, bedeutet viel mehr als einfach nur die Regeln zu befolgen. Damit es überhaupt dazu kommt, die Regeln zu befolgen, spielen einige Faktoren zusammen. Selbstdisziplin hängt sehr eng zusammen mit dem Selbstbewusstsein, dem Selbstwertgefühl, der Selbstachtung und mit dem Selbstrespekt. Mangelt es Ihnen an diesen Faktoren, wird es umso schwieriger eine ordentliche Selbstdisziplin aufrecht zu erhalten. Sie müssen einen starken Charakter besitzen, um all ihre Ziele verwirklichen zu können. Denn stellen Sie sich vor, dass es Ihnen an diesen Eigenschaften mangelt und Sie sich nicht sagen können:

Du schaffst das! Dann werden sie ganz schnell einknicken. Je nachdem welche Ziele Sie sich gesetzt haben und was Sie erreichen wollen, werden Sie des Öfteren hören: „Was? Das schaffst du doch nie." „Nie im Leben. Das wird so nichts. Du hast da kein Talent für." „Das kannst du eh nicht." „Ich bin mal gespannt ob du das schaffst. Ich glaube ja nicht!" Oder: „Das hast du jetzt schon so oft versucht. Lass es doch gleich." Hier lassen sich bestimmt noch viele weitere Beispiele aufführen, zu Aussagen von Freunden, Bekannten, der Familie oder sogar Fremden. Alle diese Aussagen führen dazu, dass Sie ohne ein starkes Selbstwertgefühl oder ein starkes Selbstbewusstsein an sich zweifeln.

Sie fragen sich, ob Sie es wirklich schaffen werden oder ob es überhaupt Sinn macht, es weiter zu versuchen und die dafür benötigte Kraft und Mühe dafür aufzubringen. Spätestens an diesem Punkt, sind die eben genannten Eigenschaften wichtiger denn je. Hier müssen Sie sehr stark sein und dürfen sich nicht einschüchtern lassen. Halten Sie sich besonders in solchen Momenten immer Ihre Ziele vor Augen und welcher Erfolg Ihnen mit diesem Ziel blüht, beziehungsweise wie sehr Sie von diesem Ziel profitieren, wenn Sie es erreichen. Sagen Sie sich immer wieder, dass Sie es schaffen können und geben Sie auf keinen Fall auf, nur weil ein anderer Ihnen sagt, dass Sie es eh nicht schaffen.

Heute haben Sie ein Vorstellungsgespräch bei einem renommierten Industriebetrieb. Sie haben sich auf eine Stelle im betrieblichen Gesundheitsmanagement beworben. Gerade sind Sie fertig geworden mit Ihrem Studium im Bereich Psychologie und sozusagen frisch von der Uni. Die Weiterbildung zum betrieblichen Gesundheitsmanager (BGM) haben Sie während Ihres Studiums absolviert. Sie haben also noch keinerlei Berufserfahrung und springen gerade ins kalte Wasser. Der Betrieb, in dem Sie vorstellig sind, hat über 1500 Mitarbeiter. Die zu besetzende Stelle beinhaltet auch das Coachen der 1500 Mitarbeiter im Bereich des betrieblichen Gesundheitsmanagements, um an diesem Thema in der Firma grundlegend etwas zu ändern.

Bisher haben Sie durch Ihre Selbstdisziplin schon so einiges erreicht. Ihr Abi mit einem 1er Durchschnitt. Ihren Bachelorabschluss mit einem 1er Durchschnitt und jetzt auch noch ihren Master als Studiengangsbester. Natürlich ebenso mit einem 1er Durchschnitt. Lernen ist Ihnen schon immer einfach gefallen. Sie haben natürlich so einiges darin investiert. Aber es hat sich für Sie gelohnt. Ein großes Selbstwertgefühl und Selbstbewusstsein haben Sie allerdings nie wirklich besessen. Schon immer war es Ihnen unangenehm vor anderen Studierenden zu reden oder einen Vortrag zu halten. Heute Morgen vor dem Vorstellungsgespräch haben Sie schon einige Zeit damit verbracht, gegen die Übelkeit anzukämpfen, die Ihnen die Angst vor dem Gespräch beschert.

Während dem Gespräch merkt Ihr Vorgesetzter deutlich Ihre Aufregung. Als es dann zum Thema Coaching der Mitarbeiter kommt und er Ihnen diesbezüglich Fragen stellt, ist Ihnen das mangelnde Selbstbewusstsein und die Angst vor anderen Personen zu reden, regelrecht in die Augen geschrieben. Sie wissen zwar wie es geht und wie Sie anderen Personen gegenübertreten müssen, da es Ihnen aber an Selbstwertgefühl fehlt, können Sie dies nicht rüberbringen. Bei der Frage, ob Sie sich vorstellen können, die 1500 Mitarbeiter zu motivieren gesundheitsbewusster zu leben und sich an dem betrieblichen Gesundheitsmanagement zu orientieren, antworten Sie zwar mit Ja.

Dennoch macht Ihnen hier Ihr mangelndes Selbstwertgefühl ein Strich durch die Rechnung. Die Firma hat sich nach einigen Tagen bei Ihnen gemeldet und Ihnen mitgeteilt, dass sie sich für einen anderen Bewerber entschieden haben.

Wer ein starkes Selbstbewusstsein besitzt, kommt wesentlich selbstsicherer rüber und kann sich und seine Fähigkeiten bei seinem Gegenüber behaupten. Mangelt es Ihnen an diesen Fähigkeiten, wird Ihr Gegenüber vielleicht einen falschen Eindruck von Ihnen gewinnen und Ihnen nicht das zuschreiben, was Sie eigentlich können. Sie sehen also ganz deutlich, dass Selbstdisziplin nicht in allen Situationen einfach herbeizuführen ist und Sie zum Erfolg bringt. Sie benötigen dazu einige von diesen Basisfaktoren, die Ihnen den Weg wesentlich leichter machen. Doch neben diesen Fähigkeiten, die für ein selbstdiszipliniertes Leben sorgen, stehen weitere wichtige Komponenten, die ich Ihnen folgend näher erläutern möchte.

ABLENKUNG

Sie können sich die besten und tollsten Ziele gesetzt haben und schon auf der Zielgeraden sein, um dieses Ziel zu erreichen. Auf einmal passiert etwas und es kommt doch anders als Sie denken und erwarten. Wie es in vielen Situationen im Leben so schön heißt: Erstens kommt es anders, zweitens als man denkt! Genau das möchten wir aber vermeiden. Dass es anders kommt, als wir denken. Auf dem steinigen Weg zu Ihrem Ziel, wird Ihnen ein Thema immer und immer wieder begegnen. Und zwar ist das der ständige Begleiter Ablenkung. Sie können sich jeden Weg genauestens ausmalen und jeden einzelnen Schritt durchplanen. Es lauern überall „Gefahren“, so nennen wir diese Dinge jetzt einfach mal, die Sie von dem ablenken wollen, was Sie eigentlich geplant haben. Bisher haben Sie in diesem Buch durch einige Beispiel schon solche „Gefahren“ kennengelernt.

Sei es der technische Fortschritt, der Ihnen durch die ständige Erreichbarkeit zur Gefahr wird oder die Werbung, die im TV läuft und einen leckeren Schokoriegel bewirbt, der für Ihre Diät sicherlich nicht von Vorteil ist. Aber auch das Wetter kann für einige Leute eine Gefahr darstellen. Scheint die Sonne, möchten Sie lieber mit Freunden zum See, anstatt zu lernen. Schneit es draußen, möchten Sie lieber mit Ihren Kindern Schlitten fahren. Sogar Regen kann für manche Leute eine „Gefahr" darstellen. Denn: Hey, es regnet. Heute ist der beste Tag, um sich auf der Couch auszuruhen. Man kann ja eh nichts anderes machen. Sie sehen, es gibt unbeschreiblich viele Situationen, die Sie ablenken können und Ihnen eine Chance bieten, etwas Besseres zu tun, als Sie eigentlich vorhaben zu tun. Sie werden jedoch nie die gesamte Ablenkung, die Ihnen auf dem Weg zum Ziel begegnen kann, vorhersagen oder ihr aus dem Weg gehen. Eine „Gefahr" muss aber auch nicht zwangsläufig etwas Schlechtes sein. Eine „Gefahr" wird erst dann zur Gefahr, wenn Ihnen Ihr eigentliches Ziel nicht mehr bewusst ist und Sie es aus den Augen verlieren, um anderen Dingen nachzugehen.

Sie bauen gerade ein Haus und führen fast den kompletten Ausbau des Hauses nach Ihrer eigentlichen Arbeit in Eigenleistung durch. Nach ein paar anstrengenden und harten Wochen voller körperlicher und geistiger Arbeit, benötigen Sie am Wochenende beispielsweise etwas Ablenkung und Pause. Sie gehen mit Ihrer Familie ins Freibad und genießen einfach mal das Wetter. Sie fühlen sich richtig gut und genau das hat Ihr Körper jetzt einmal gebraucht. Ihnen ist bewusst, dass sie diesen Ausflug nur machen, um sich körperlich etwas zu erholen und um wieder Kraft zu gewinnen. Diese Ablenkung mit Ihrer Familie ist im Moment einfach genau das richtige. Sie starten den nächsten Tag wieder motoviert und kraftvoll in die Arbeitswoche.

In dem Beispiel halten Sie sich also stets vor Augen, dass es eine kurzzeitige Ablenkung zum Kraft tanken ist, um am nächsten Tag wieder motiviert und kraftvoll den Ausbau des Hauses fertigzustellen. So haben Sie stets Ihr Ziel vor Augen und geben dem Körper die Pause, die er benötigt. Ansonsten holt er sich diese Pause nach einer gewissen Zeit eventuell von selbst und Sie fallen länger aus. Natürlich gibt es auch

Ablenkung, der Sie nicht aus dem Weg gehen können. Unvorhersehbare Dinge wie ein Unfall, eine plötzliche Erkrankung oder beispielsweise familiäre Probleme. Die können ebenso dazu führen, dass Sie Ihre Ziele aus den Augen verlieren. Doch hier sollte Ihr Ziel dann ein anderes sein. Und zwar sollten Sie sich in solchen Situationen vor Augen führen, dass Ihr oberstes Ziel erst einmal ist: Ihre Gesundheit wieder zu erlangen oder Ihre familiären Probleme zu lösen. Doch achten Sie darauf, dass Sie solche Gründe nicht als Vorwand nehmen, um sich selbst zu betrügen. Denn das führt garantiert nicht zum Ziel, sondern führt zu Aufschieberitis!

Eine Anregung zum Nachdenken:

Überlegen Sie sich welche „Gefahren" Ihnen bisher des Öfteren zum Verhängnis wurden. Welche Situationen lassen Sie schwach werden und veranlassen Sie dazu, Ihre Ziele aufzuschieben oder gar aus den Augen zu verlieren? Wie haben Sie versucht den „Gefahren" aus dem Weg zu gehen? Können Sie die „Gefahren" minimieren oder sogar ganz ausschalten?

Am besten schreiben Sie sich all diese Dinge in ein kleines Büchlein oder auf einen Zettel. So verinnerlichen Sie sich diese Dinge und behalten Sie besser im Gedächtnis.

GEWOHNHEITEN

Was gibt es Schöneres als morgens zu Ihrem Kaffee eine Zigarette zu rauchen? Oder zu einem kühlen Bier oder nach dem Essen? In diesen Situationen schmeckt die Zigarette doch einfach am aller besten. Doch ist das wirklich so oder sagt Ihnen das einfach Ihre Gewohnheit? Natürlich schmeckt Ihnen der Zigarettenrauch im Mund besser mit dem Geschmack von Kaffee, Alkohol oder Essen. Denn was soll sonst schon am Rauch einer Zigarette gut schmecken. Aber fragen Sie sich einmal ob es in manchen Situationen vielleicht nicht einfach die Gewohnheit ist. Das Rauchen nach dem Essen oder zu einem kühlen Bier.

Ich habe selber einmal geraucht. Und ich muss zugeben, ich habe sehr gerne geraucht. Vor allem beim Autofahren gehörte es für mich dazu. Als ich aufgehört habe, fiel es mir besonders schwer standhaft zu bleiben, wenn ich Auto gefahren bin. Denn in dieser Situation ist mir jedes Mal sofort bewusst gewesen, dass mir gerade etwas fehlt. Wenn ich jetzt darüber nachdenke, dann ist mir auch direkt klar, was mir in diesen Momenten gefehlt hat. Nämlich die Gewohnheit. Ich war es einfach gewohnt beim Autofahren zu rauchen und musste mich hier erst einmal gewaltig umstellen.

Wenn etwas für Sie gewohnt ist, also zur Gewohnheit geworden ist, dann gehört es für Sie selbstverständlich dazu. Sie handeln in Gewohnheitsmomenten also immer gleich. Denn so gehört es sich für Sie. Dieses Handeln ist jedoch oftmals unbewusst und wird unkontrolliert ausgelöst. Befinden Sie sich in einem Gewohnheitsmoment, wird diese Gewohnheit also vom Bewusstsein spontan ausgelöst und führt so zu dem gewohnten Verhalten.

Aber vor allem, um die gesetzten Ziele zu erreichen, ist es oft nötig, eine Gewohnheit abzulegen. Denn wenn Sie etwas machen möchten wie immer, dann stehen Sie sich vielleicht in diesem Moment selbst im Weg. Ich möchte wieder versuchen Ihnen die Sache mit einem Beispiel näher zu bringen. Da wir eben schon beispielhaft bei dem Rauchen waren, bleiben wir jetzt bei diesem Beispiel.

Sie möchten mit dem lästigen Rauchen aufhören. Seit Sie 16 Jahre alt sind, begleitet die Zigarette Sie Tag ein, Tag aus. Endlich hat es bei Ihnen im Kopf Klick gemacht und Sie möchten diese Last ablegen. Das bedeutet für Sie aber auch, dass Sie einige Gewohnheiten ablegen müssen. Denn wie ich es geliebt habe im Auto zu rauchen, gehört das für Sie ebenso dazu. Auch die Zigarette nach dem Essen, ist für Sie eine Gewohnheit, die Sie aufgeben müssen. Immer wieder möchten Sie in diesen Momenten am liebsten zu Ihrer geliebten Zigarette greifen. Doch durch Ihre überaus große Selbstdisziplin, die Sie durch das Ziel, mit dem Rauchen aufzuhören besitzen, schaffen Sie es, die schlechte Angewohnheit abzulegen. Für Sie, sind die positiven Dinge, die mit dem Nichtrauchen einhergehen, wesentlich wichtiger geworden, als Ihrer Gewohnheit nachzugehen. Sie freuen sich auf eine bessere Gesundheit und eine gute Kondition beim Laufen oder Treppensteigen.

Nach einigen Monaten denken Sie nach dem Essen nicht mehr an Ihre Zigarette danach. Falls der Gedanke daran noch nicht ganz verschwunden ist, dann fällt es Ihnen jedoch jetzt wesentlich einfacher auf diese zu verzichten. Sie haben Ihre Gewohnheit, die Ihnen auf dem Weg Ihre Ziele zu verwirklichen im Weg stand, beiseitegeschoben. Diese schwierige Hürde wird Ihnen in sämtlichen Lebenssituationen, für die Sie Selbstdisziplin benötigen, im Wege stehen. Schon Johann Wolfgang von Goethe beschrieb vor mehreren Jahrhunderten, dass eine Gewohnheit etwas ist, was sich sehr schwer ablegen lässt. Er definierte eine Gewohnheit sogar als eine Richtung, die niemals ganz unterbrochen werden kann.

„Eine alte Gewohnheit legt sich so leicht nicht ab, und eine Richtung, die wir früh genommen, kann wohl einige Zeit abgelenkt, aber nie ganz unterbrochen werden." (Johann Wolfgang von Goethe, 1795)

Hält man sich dieses Zitat vor Augen, ist es für manche Personen wirklich so, dass gewisse Gewohnheiten nur unterbrochen werden. Im Inneren sind Sie immer noch da und sofort abrufbar, wenn man an diese herantreten will. Dies mag aber nicht auf alle Menschen zu treffen. Doch wie ändert man am besten seine Gewohnheiten? Mit den folgenden Tipps übernimmt die Gewohnheit nicht die Macht und Sie bestimmen selbst, was sie tun und lassen möchten.

Tipps, um lästige Gewohnheiten loszuwerden:

1. Um Gewohnheiten loszuwerden, muss man sie erst einmal verstehen. Ihnen muss bewusst sein, dass jede Gewohnheit einen Trigger hat. Das bedeutet, dass jeder automatischen Handlung ein Auslöser voran geht. - Verstehen Sie also die Gewohnheit!

2. Setzen Sie sich konkrete Ziele, die Sie erreichen möchten. Welche Gewohnheit möchten Sie loswerden? Am besten schreiben Sie sich diese Ziele irgendwo auf, wo Sie immer im Blick sind. - Visualisieren Sie ihre Ziele!

3. Halten Sie sich die eventuellen Schäden ihrer Angewohnheit vor Augen und assoziieren Sie Negatives mit der Gewohnheit, die Sie loswerden möchten. Ihre innere Stimme wird Ihnen immer weiter die Vorteile Ihrer bisherigen Angewohnheit vorspielen. Umso stärker müssen Sie sich negative Verbindungen dazu schaffen. - Assoziieren Sie negative Verbindungen zu Ihrer Gewohnheit!

4. Finden Sie den Auslöser für Ihre Gewohnheit und schalten Sie ihn ab. Das ist nicht immer einfach. Der Auslöser darf auf keinen Fall Ihre Gewohnheit auslösen. Sie müssen Ihn unterbinden. Wenn Sie merken, dass Sie der Macht der Gewohnheit nachgeben könnten, dann überlegen Sie sich etwas, was Sie in dieser Situation ablenkt. Vielleicht springen Sie laut in die Luft und rufen Juhuuu. In solchen Momenten ist es egal, ob es albern klingt. Überlegen Sie sich ruhig etwas, was für Sie passend klingt. Die Hauptsache ist, die Gewohnheit wird nicht ausgelöst. - Eliminieren Sie Ihre Auslöser!

5. Eine alte Gewohnheit aufgeben, bedeutet eine neue Gewohnheit annehmen. Viele Menschen möchten einfach nur eine Gewohnheit ablegen und überlegen sich dabei keine Alternative. Solche Versuche sind zum Scheitern verurteilt. Überlegen Sie sich also eine Alternative, die Sie eingehen, wenn Sie Ihre Gewohnheit ablegen. - Machen Sie sich Ihre neue Gewohnheit bewusst!

6. Wie Sie eben negative Assoziationen mit Ihrer alten Gewohnheit verbunden haben, so verbinden Sie jetzt positive Assoziationen mit Ihrer neuen Gewohnheit. Das macht das ganze angenehmer und verspricht Erfolg. – Verbinden Sie positive Assoziationen mit der neuen Gewohnheit!

7. Wiederholen Sie Ihre neuen Gewohnheiten ständig und verstärken Sie sie so. Nur so erlangen Sie Routine und es spielt sich langsam ein Automatismus ein. Je öfter man das Ganze macht, desto schneller wird die Gewohnheit in den Alltag übernommen. – Die neuen Gewohnheiten wiederholen!

8. Belohnen Sie sich nach einer längeren Zeit, der Sie ihrer alten Gewohnheit aus dem Weg gegangen sind und Ihre neue Gewohnheit in Ihren Alltag eingebaut haben. So verbinden Sie wieder positive Assoziationen mit der neuen Gewohnheit und stärken sie weiter. – Überlegen Sie sich eine Belohnung!

Achtung!!! Verstärken Sie mit einer Belohnung nicht Ihre alten Gewohnheiten, indem Sie sich vielleicht eine Zigarette erlauben und eigentlich mit dem Rauchen aufhören wollen. So bewirken Sie mit Ihrer Belohnung das genaue Gegenteil von dem, was sie eigentlich bewirken soll.

MOTIVATION

Ein weiterer Schlüssel, um das Erfolgstor der Selbstdisziplin zu öffnen, ist die Motivation. Motivation ist einer der Grundsteine der Selbstdisziplin. Ohne sie ist es fast unmöglich selbstdiszipliniert zu agieren. Oder überhaupt zu agieren. Denn was ist schlimmer als Unlust? Sie benötigen für Ihr alltägliches und auch berufliches Handeln Kraft. Woher nehmen Sie diese Kraft, wenn keine Motivation da ist? Motivation beschreibt alle Motive und Beweggründe, die für Ihr Handeln stehen. Sie ist überhaupt erst der Auslöser für Ihr Handeln.

Ohne Motivation bleiben Sie an einem Punkt stehen, denn Sie finden den Antrieb nicht, sich weiter fortzubewegen oder zum Abschluss zu kommen. Jeder kennt diese Situationen der Unlust, die im eigentlichen Sinne nur die fehlende Motivation beschreibt. Man fühlt sich träge, schwach und antriebslos. Man kommt einfach nicht in die Puschen. Mit dieser Einstellung werden Sie jedoch niemals Ihre Ziele erreichen, die Sie sich gesetzt haben. Ein motiviertes Handeln verspricht Ihnen Erfolg und bringt Sie zu Ihren Zielen. Auch hier kann man zwei Formen unterscheiden. Es gibt die die extrinsische Motivation, bei der das motivierte Handeln durch einen Stimulus von außen ausgelöst wird. Stellen Sie sich vor, Ihr Chef bietet Ihnen bei besserer Leistung eine Gehaltserhöhung an.

Diese Chance lassen Sie sich nicht entgehen. Sie werden motiviert durch den finanziellen Stimulus und arbeiten engagierter und besser als zuvor. Denn sonst erreichen Sie Ihre Gehaltserhöhung nicht. Ein Stimulus von außen kann aber auch Ihr Ansehen sein. Sie möchten mit Ihrem beruflichen Erfolg bei Ihren Freunden glänzen? Also bewegt der Grund Ansehen bei Freunden zu erreichen, Sie dazu, Ihren Beruf motivierter auszuüben. Die intrinsische Motivation hingegen entsteht aus Ihrem Inneren heraus und Sie handeln aus fester Überzeugung. Sie haben Ihr Ziel vor Augen, welches Sie erreichen wollen und arbeiten deshalb motiviert darauf hin. Diese Form ist schwer zu fassen, denn irgendwie Handeln wir ja immer auf Grund eines Stimulus, der uns etwas Besseres verspricht. Ein Beispiel lässt sich aber mit Arbeit auf freiwilliger unentgeltlicher Basis darstellen. Sie gehen beispielsweise zwei Mal die Woche in ein Altersheim und spielen dort mit den Bewohnern. Das machen Sie, da Sie den älteren Damen und Herren eine Chance der Unterhaltung und des Spaßes bieten möchten. Sie selbst ziehen aus Ihrer Arbeit keinen Vorteil, sondern machen diese nur auf Grund Ihrer Überzeugung. Stimmungsschwankungen hinsichtlich der Motivation sind völlig normal. Sie werden nicht jeden Tag gleich motiviert sein.

Durch verschiedene Auslöser kann Ihre Motivation auch von jetzt auf gleich in den Keller sinken. Vor allem Stress und negative Gedanken zählen dazu. Die intrinsische Motivation ist nicht so schwankungsanfällig, wie es die extrinsische Motivation ist. Wenn Sie etwas machen, da Sie von außen motiviert werden, dann wird Ihre Motivation spätestens an dem Punkt absinken, wenn Sie den Stimulus erreicht haben. Haben Sie beispielsweise die versprochene Gehaltserhöhung Ihres Chefs erhalten, dann kann das engagierte und motivierte Arbeiten ganz schnell wieder Vergangenheit sein. Plötzlich fehlt der Antrieb, der Sie sonst zu diesem Arbeiten motiviert hat. In diesem Fall benötigen Sie etwas Neues, was Sie antreibt.

Diese Gefahr besteht bei der intrinsischen Motivation nicht so sehr. Denn Sie handeln ja aus Ihrem Inneren heraus. Also aus Ihrer festen Überzeugung. Egal ob intrinsische oder extrinsische Motivation. Im besten Fall haben Sie beide Formen der Motivation, denn ohne eine der beiden wird es in Ihrem Leben nicht wirklich vorwärts gehen und Ihre Erfolgsaussichten sind mager. Auch hier lassen sich einfache Tipps finden, um den motivationalen Faktor zu erhöhen.

Tipps, um Motivation zu finden:

1. Auch hier steht an erster Stelle: Machen Sie sich bewusst, was Sie erreichen wollen. Was für Ziele haben Sie? Halten Sie sich diese Ziele immer vor Augen und verinnerlichen Sie diese. So fällt es Ihnen leichter, die Motivation aufrechtzuerhalten.

2. Machen Sie sich bewusst, welche Faktoren Sie demotivieren. Um motiviert zu sein reicht es nicht, seine Ziele zu kennen und diese zu benennen. Sie müssen auch fähig sein, den Weg dorthin gehen zu können. Das geht nur, wenn Sie wissen welche Faktoren Sie von Ihrem Weg abbringen. Nur wer seine Hindernisse kennt, kann eine andere Route einschlagen und den Hindernissen aus dem Weg gehen, um nicht daran zu scheitern. So machen Sie es sich auf jeden Fall deutlich leichter und die Motivation bleibt oben.

3. Auch hier ist es wichtig, die Triggerpunkte zu kennen, die Sie antreiben oder herunterziehen. Halten Sie sich diese Punkte immer vor Augen und versuchen Sie darin Ihre Motivation zu finden. Sie müssen bei schönsten Sonnenstrahlen in der Bude sitzen und lernen? Dann lernen Sie doch gemeinsam in der Lerngruppe. Oder setzen Sie sich mit Ihren Sachen nach draußen in die Sonne und lernen dort. Vielleicht fällt es Ihnen so bedeutend einfacher, Ihre Motivation oben zu halten. Falls Sie Triggerpunkte erkennen, die Ihre Motivation ins Schwanken bringen,

dann suchen Sie sich Alternativen wie die beschriebenen, um diese oben zu halten.

4. Es erleichtert Ihnen das Leben ungemein, wenn Sie Routinen geschaffen haben. Sie wissen was Sie machen müssen und erledigen dies, ohne darüber nachzudenken. Sie verschwenden bei der Umsetzung keine unnötige Energie oder Zeit und kommen so Ihrem Ziel immer näher.

5. Falls Sie einen großen Berg vor sich haben, den es für Sie abzuarbeiten gilt, dann hemmt das die Motivation. Um diese oben zu halten zerteilen Sie den Berg in viele kleine Berge. Arbeiten Sie einen nach dem anderen ab. So laufen Sie nicht der Gefahr, durch ein für Sie unerreichbares hohes Ziel demotiviert zu werden.

6. Was hält nicht besser die Motivation auf einem hohen Niveau, als eine kleine Belohnung. Vor allem für unangenehme Arbeiten, die jedoch einfach erledigt werden müssen. Beispielsweise denke ich hier an das Bad putzen. Setzen Sie sich also nach jedem erreichten Ziel eine nette Belohnung, die Sie sich bei Erreichen gönnen. So freuen Sie sich schon auf dem Weg zum Ziel auf Ihre Belohnung und es hält Ihre Motivation oben.

VORBEREITUNGEN

Schon hunderte Jahre vor Christus sagte Konfuzius: „In allen Dingen hängt der Erfolg von den Vorbereitungen ab.“ Solch eine alte Weisheit sollte man nicht unterschätzen. Sicherlich kennen Sie den Spruch: Eine gute Vorbereitung ist schon die halbe Miete. Genau so sehe ich es auch. Die Vorbereitung einer Aufgabe, die Sie erledigen möchten, ist das A und O. Das Vorbereiten unterstützt Sie nicht nur bei größeren Aufgaben oder Situationen im Leben, sondern auch bei kleinen Aufgaben und Situationen. Wichtig ist jedoch, dass Sie rechtzeitig mit Vorbereitungen anfangen. Es bringt Ihnen nur wenig, wenn Sie in den Momenten, die Sie eigentlich planen sollten, erst mit der Planung anfangen. Ihr Gehirn braucht ja eine gewisse Zeit, um Dinge zu verarbeiten und nicht jedes Wissen ist direkt abrufbar.

Denken Sie hier einfach an eine Prüfungsvorbereitung. Es bringt Ihnen recht wenig einen Tag vor der Prüfung mit dem Lernen anzufangen. Für manche mag das zwar möglich sein, jedoch nicht für alle. Und vor allem werden Sie die so kurz und knapp gelernten Dinge sehr schnell wieder vergessen. Die landen nämlich einfach erst einmal im Kurzeitgedächtnis und werden dann nach einiger Zeit wieder daraus gelöscht. Machen Sie sich jedoch einen Lernplan und fangen einige Tage oder sogar Wochen vorher intensiv an zu lernen und wiederholen es immer und immer wieder, dann verarbeitet Ihr Gehirn diese Sachen ganz anders und speichert sie im Langzeitgedächtnis ab. Sie können dieses Wissen also immer wieder abrufen.

Aber auch bei kleineren alltäglichen Lebenssituation kann das Planen und somit Vorbereiten einer Tätigkeit von großem Vorteil sein. Gehen Sie doch einmal ohne Einkaufszettel in den Supermarkt. Mit Sicherheit kommen Sie heraus und haben einige Dinge im Einkaufswagen, die Sie nicht benötigen und einige Dinge, die Sie benötigen fehlen Ihnen dafür. Schon bei dieser alltäglichen Situation lohnt es sich, Vorbereitungen zu treffen, damit Sie solche planungslosen Einkäufe umgehen. Mit einem Einkaufszettel wären mit Sicherheit alle Dinge im Einkaufswagen gelandet, die Sie auf Ihrer Liste haben.

Vielleicht landen trotzdem ein paar Dinge im Wagen, die Sie eigentlich nicht benötigen. Aber das ist nicht schlimm. Zumindest so lange nicht, wie Sie diese Angewohnheit nicht ändern möchten. Aber damit wären wir wieder beim ersten Faktor dieses Kapitels angekommen. Hieran können Sie aber gut erkennen, dass man nicht eins von dem anderen trennen kann. Um Vorbereitungen zu treffen, müssen Sie natürlich auch motiviert sein und sich in vielen Situationen selbstbeherrschen. Irgendwie spielt alles zusammen und ergibt so ein Ganzes. Ohne den einen Faktor, funktioniert der andere eben auch nicht richtig. Genauso ist es mit der Selbstdisziplin. Sie vereinfachen sich Ihr Handeln ungemein, wenn Sie Vorbereitungen treffen und sich einen Plan machen, wie Sie die Sache angehen möchten. Oder wie Sie Ihr Ziel am besten und einfachsten erreichen.

Es gibt viele Menschen, die lassen einfach alles auf sich zu kommen und bereiten sich nicht wirklich vor. In manchen Situationen geht das gut, aber in einigen Situationen artet dieses planungslose Vorgehen in Stress aus und kann zu einem enormen Druck führen. Nicht nur für Sie selbst, sondern auch für andere an der Situation beteiligten Personen. Mit einer guten Vorbereitung halten Sie Ihre Motivation oben und können natürlich so (selbst)disziplinierter vorgehen.

Tipps, um gute Vorbereitungen zu treffen:

1. Überlegen Sie sich genau welche Situation Sie planen möchten und fangen Sie auf jeden Fall früh genug mit den Vorbereitungen an, damit Sie nicht in Stress verfallen.

2. Legen Sie sich je nach Situation alle Materialien zusammen, die für Ihr Vorhaben wichtig sind.

3. Nehmen Sie einen Zettel und einen Stift und schreiben Sie alles auf, was Ihnen zu ihrer Planungssituation einfällt.

4. Erstellen Sie aus den Notizen einen Plan mit einer genauen Zeitabfolge. Wann ist welche Aufgabe an der Reihe und was gehört dazu? Wichtig ist, dass Sie sich ein Zeitfenster setzen, in dem Sie verschiedene Aufgaben erledigt haben wollen. So umgehen Sie den Zeitdruck, der viele in Panik und Stress verfallen lässt. Je nach Situation ist auch eine Checkliste sinnvoll, die Sie entweder selbst erstellen oder sich Vorlagen aus dem Internet besorgen. Wie zum Beispiel eine Packliste für eine Urlaubsreise.

5. Streichen Sie nach und nach alle Aufgaben durch, die Sie von Ihrem Plan oder Ihren Plänen schon erledigt haben. Je nach Situation erlauben Sie sich kleinere oder größere Pausen zwischen den Aufgaben. Sollte es sich hierbei aber um eine Einkaufsliste handeln, dann fallen die Pausen

wohl eher weg. Bereiten Sie sich jedoch gerade auf die Abiturprüfungen vor, dann tut Ihnen eine Pause zwischendurch sicherlich gut.

6. Haben Sie keine Aufgaben mehr auf Ihrem Plan oder Ihrer Liste stehen, dann haben Sie wahrscheinlich Ihre Vorbereitungen zu einer Situation abgeschlossen und können sich an dem Ergebnis erfreuen. Je nach Situation erlauben Sie sich an dieser Stelle eine Belohnung.

WILLENSKRAFT

Das Thema Willenskraft hängt ganz stark mit der Selbstdisziplin zusammen. Für viele ist Selbstdisziplin einfach die Fähigkeit sich selbst in Situationen einzuschränken und das eigene Verhalten zu kontrollieren. Ist Willenskraft jedoch genau das Gleiche? Ich muss zugeben, dass mir das nicht ganz bewusst war, bevor ich dieses Buch geschrieben habe. Für mich war es einfach ein Teil, der zur Selbstdisziplin führt. Was im Übrigen nicht falsch ist. Wahrscheinlich denken Sie ähnlich.

Deshalb versuche ich für Sie die zwei Begriffe nochmal deutlich voneinander abzugrenzen. Was Selbstdisziplin ist, haben Sie ja in den ersten Kapiteln gelernt und können es für sich wahrscheinlich ganz gut definieren. Doch wie sieht es hier mit der Willenskraft aus? Willenskraft bedeutet sich geistig anzustrengen. Alle Hindernisse, die einem auf dem Weg zu seinem Ziel im Weg stehen, muss man durch eine gewisse Kraft oder Energie überwinden, um so ans Ende zu gelangen. Selbstdisziplin hingegen muss nicht immer anstrengend sein. (Selbst-)diszipliniert ist jeder, der seine Willenskraft einsetzen kann, um ans Ziel zu kommen. Die Willenskraft trägt dazu bei, dass sich Menschen diszipliniert verhalten. Jedoch ist sie nicht die einzige Möglichkeit um diszipliniert zu agieren. Sie sehen, die Eingrenzung ist nicht ganz einfach und irgendwie gehören diese beiden Faktoren auch zusammen. Um Ihnen ein Beispiel zu geben, stellen Sie sich folgende Situation vor:

Sie machen gerade wieder eine neue Diät und möchten ein paar Kilos verlieren. Leider haben Sie schon mehrere gescheiterte Versuche hinter sich. Dieses Mal soll es wirklich klappen. Sie haben sich vorgenommen, den Kühlschrank am Tag zu ignorieren und nur aufzumachen, wenn Sie kochen möchten oder etwas zu trinken rausholen möchten. Im Kühlschrank haben Sie nämlich die ganzen Leckereien wie Schokoriegel, Pudding und noch vieles mehr gelagert. Kalt schmecken diese Sachen ja noch besser. Vor Ihrer Diät haben Sie den Kühlschrank mehrmals am Tag geöffnet und sich etwas Leckeres rausgeholt. Die Versuchung war einfach zu groß und Sie konnten nicht immer an Ihrem Kühlschrank vorbeigehen.

Die Willenskraft, die Sie bei diesem Beispiel aufbringen müssen, ist nicht einfach. Sie stehen mehrmals am Tag vor der Versuchung und laufen ständig an Ihrem Kühlschrank vorbei. Während Ihrer Diät benötigen Sie ein sehr hohes Maß an Willenskraft, der Anforderung den Kühlschrank zwischendurch nicht zu öffnen, nachzukommen. Sie müssen sich also sehr anstrengen, damit der Kühlschrank geschlossen bleibt. Das kostet Kraft und Energie. Wenn Sie es schaffen, diese Energie und Kraft aufzubringen, dann handeln Sie selbstdiszipliniert. Durch Ihre Willenskraft gelingt es Ihnen sich zu disziplinieren und der Kühlschrank bleibt geschlossen. Der Kühlschrank kann aber auch durch andere Dinge geschlossen bleiben. Sie benötigen also nicht zwangsläufig Willenskraft um den Kühlschrank geschlossen zu halten. Diesen könnten Sie auch einfach mit einem Schloss versehen und den Schlüssel Ihrem Mann oder den Kindern geben. So haben Sie keine Möglichkeit mehr, den Kühlschrank zu öffnen.

Die Willenskraft soll hingegen mancher Meinungen nicht genutzt werden, um allen voran mit dem Kopf durch die Wand zu gehen, sondern vor allen Dingen, um Dinge nicht zu tun. Sie soll die Gedanken und die Impulse kontrollieren. Bei letzterem vor allem die Gelüste. Willenskraft soll dazu führen, dass Sie während Ihrer Diät nicht ständig in die Schüssel mit den Gummibärchen greifen, die im Büro auf dem Tisch steht. Auch wenn Sie das im Moment gerne möchten. Außerdem ist Willenskraft wichtig, um sich in manchen Situationen zurückzunehmen und zu regulieren.

Es ist nicht immer nötig und vor allem sinnvoll, jedem sehr temperamentvoll gegenüber zu treten und immer gleich einen Streit anzufangen, wenn es etwas zu meckern gibt. In manchen Situationen ist es einfach besser, wenn man sich mal zurücknimmt und der ganzen Sache aus dem Weg geht. Eine weitere ganz wichtige Aufgabe der Willenskraft ist die Leistungskontrolle. Sie führt dazu, dass Sie eine Aufgabe zu Ende bringen, die Sie angefangen haben. Egal wie viele Aufgaben Sie gerade haben oder mit welchem Aufwand diese verbunden sind. Mit Hilfe der Willenskraft können Sie ans Ziel dieser Aufgabe gelangen.

Doch wie kommen Sie zu Willenskraft? Nach neuesten Erkenntnissen hängt die Willenskraft vom Blutzuckerspiegel ab. Wenn dieser ausreichend hoch und im Normbereich ist, dann ist ihre Willenskraft am höchsten. Denken Sie aber nicht, es bringt Ihnen mehr Willenskraft, wenn Sie sich mit Süßigkeiten vollstopfen. So erreicht man einen zu hohen Blutzuckerspiegel und der ist auf Dauer schädlich. Ernähren Sie sich einfach ausgewogen und gesund. So erreichen Sie, dass ihr Blutzuckerspiegel in einem gesunden natürlichen Bereich liegt. Wissenschaftler haben ebenso herausgefunden, dass die Willenskraft ähnlich wie ein Muskel funktioniert und bei starker Beanspruchung erschlafft.

Das bedeutet, dass Sie morgens deutlich mehr Willenskraft besitzen als am Abend. Denn die Kraft regeneriert sich während Sie schlafen. Benötigen Sie also morgens, und am Vormittag ein hohes Maß an Willenskraft, dann bleibt Ihnen für den Nachmittag und Abend nicht mehr so viel. Ihre Willenskraft nimmt ab und es fällt Ihnen schwerer, stark zu bleiben und sich gegen Gewohntes durchzusetzen. Werden Sie abends eher schwach und verlieren Ihre Selbstdisziplin? Dann ist es am besten, wenn Sie sich tagsüber etwas Ihrer Willenskraft aufsparen, um am Abend standhafter bleiben zu können. Gelingt Ihnen das aus irgendwelchen Gründen nicht, vielleicht weil Sie in einem Job arbeiten, der ein hohes Maß an Willenskraft benötigt, dann versuchen Sie auf andere Weise Ihre Disziplin aufrecht zu erhalten. Beispielsweise indem

Sie die Dinge, die Sie ablenken oder in Versuchung bringen umgehen oder sogar ganz aus dem Weg räumen.

Möchten Sie beispielsweise am Abend im Bett Ihren Fernsehkonsum einschränken, dann kann es sinnvoll sein, dass Sie den Fernseher komplett aus dem Schlafzimmer verbannen. Haben Sie am Abend noch genug Willenskraft, um der Versuchung im Bett TV zu schauen zu widerstehen, dann müssen Sie diesen Aufwand nicht betreiben und das Gerät kann in Ihrem Schlafzimmer bleiben.

Eine Anregung zum Nachdenken:

Denken Sie einmal darüber nach wieviel Willenskraft Sie besitzen und ob Sie über sich sagen würden, dass Sie (selbst-)diszipliniert sind. Haben Sie von beidem viel oder eher weniger? Haben Sie vielleicht besonders wenig Selbstdisziplin, weil es Ihnen an Willenskraft mangelt? In welchen Bereichen benötigen Sie am meisten Willenskraft? Falls es Ihnen abends an Willenskraft mangelt, dann überlegen Sie sich wo Sie Willenskraft einsparen können, um sie in anderen Bereichen einsetzen zu können.

Was will ich eigentlich? Die richtigen Ziele finden!

Kennen Sie das, wenn andere Leute Ihnen ständig sagen wollen was gut für Sie ist oder was Sie besser machen sollten oder eben nicht machen sollten? In solchen Situationen verspüren die meisten Menschen einen Widerstand und lehnen sich dagegen auf. Diese vorgeschriebenen Ziele sind eben nicht Ihre eigenen. Sie wissen selbst am besten was gut für Sie ist. Doch alleine zu Wissen was gut für einen ist, reicht leider nicht aus. Sie kennen es wahrscheinlich selbst. In manchen Situationen sagt man sich: „Oh, das sollte ich jetzt besser lassen." Oder: „Das sollte ich jetzt lieber nicht essen, ich will schließlich abnehmen." Und dann macht man es trotzdem.

Es reicht also nicht aus, zu wissen, dass man es nicht tun sollte. Das Wichtigste ist, dass Sie für sich selbst herausstellen und definieren, was Sie erreichen möchten und was wichtig für Sie ist. Das führt dazu, dass Sie auch hinter Ihren Zielen stehen, da Sie diese selbst definiert haben. Wichtig ist hierbei aber, sich exakt deutlich zu machen, welches Ergebnis man erzielen möchte und was auf langfristiger Sicht das Wohlbefinden steigert. Die vielfältigen Wahlmöglichkeiten überfordern einen schnell und das macht es einem nicht einfach. Umso wichtiger ist es, Ihr Vorhaben klar einzugrenzen und zu definieren, sonst verliert man sich sehr schnell innerhalb der unterschiedlichen Möglichkeiten und dadurch macht sich ganz schnell Frustration breit, da man durch die Überforderung seine Vorhaben schnell wieder über Bord wirft.

In der heutigen Zeit ist eigentlich alles was man sich wünscht und vorstellt ständig und dauernd verfügbar. Sei es eine Pille zum Abnehmen, ein Roboter, der einem das Haus putzt oder andere Hilfsmittel, die angeboten werden. Doch helfen diese Dinge Ihnen wirklich, Ihr Ziel zu erreichen? Viele dieser Angebote sind nur Schummeleien und die Konzerne möchten ihre angebotene Ware verkaufen. Die Produkte werden angeboten und versprechen Erfolg.

Denn natürlich verkauft sich etwas schlecht, wenn es keinen Erfolg verspricht. Möchten Sie beispielsweise 10kg abnehmen und haben dieses Ziel für sich definiert, dann reicht es nicht aus, eine Diätpille zu kaufen und diese zu schlucken. Eine Diätpille kann Sie aber eventuell dabei unterstützen und vielleicht Ihre Fettverbrennung anregen oder einen anderen Erfolg versprechen.

Aber ganz davon abgesehen, dass solche Mittel sicherlich nicht gut für den Körper sind, versprechen sie nur den Erfolg, wenn auch Sie dazu bereit sind, etwas zu tun. Sie können also nicht die Pille schlucken, abwarten und denken, dass die Zeit es schon richtet. Sie müssen sich also im Vorfeld bewusst sein, welches Ziel Sie erreichen möchten und sich über den Weg zum Ziel informieren. Denn auf keiner dieser Verpackungen der Produkte steht, dass es noch eine Kleinigkeit braucht. Und zwar eine große Portion Selbstdisziplin, die Sie benötigen, um das angebotene Produkt zu unterstützen. Möchten Sie beispielsweise Ihren Boden in der Wohnung grob sauber halten, dann reicht Ihnen vielleicht einfach der Roboter aus und Sie betreiben dazu keinen Aufwand mehr.

Haben Sie für sich aber ganz klar das Ziel definiert, dass Sie Ihre Wohnung sauber und ordentlich halten möchten, dann dient der Saugroboter einem anderen Zweck, und zwar erleichtert er Ihnen die Arbeit. Er leistet Vorarbeit und Sie sparen etwas Aufwand durch ihn. Im Nachgang müssen Sie aber dennoch den feinen Schmutz entfernen und den Boden nass wischen. Anhand der Beispiele sollte Ihnen bewusst werden wie wichtig klar definierte Ziele sind. Ansonsten sind Sie sehr schnell demotiviert Ihrem Ziel nachzueifern, da es nicht den Erfolg bringt, den Sie sich eventuell erhofft und gewünscht haben.

Sie sehen, dass das Wissen über eine Diät und das Schlucken einer Diätpille alleine nicht ausreicht, um abzunehmen. Für eine Abnahme müssen Sie schon einiges mehr tun. Oder zum Sauberhalten der Wohnung reicht der Einsatz eines Staubsaugerroboters nicht aus. Da brauchen Sie ebenso noch etwas Eigeninitiative. Haben Sie vorab Ihre Ziele klar eingegrenzt und sich mit diesem Thema auseinandergesetzt, dann sind Ihnen diese Dinge bewusst und erleichtern Ihnen den Weg zu Ihrem Ziel, anstatt Sie zu demotivieren.

Merken Sie sich: Den größten Erfolg haben Sie also, wenn Sie selbst auf die Erkenntnisse und die Ziele gekommen ist. Erst dann werden sie voll und ganz angenommen. Sie werden Ihre Chance auf Erfolg erheblich erhöhen, vielleicht sogar auch erst eine besitzen, wenn Sie ganz tief in sich gehen und für sich überlegen, welches Ziel Ihnen vorschwebt und was Ihnen auf langer Sicht in Ihrem Leben gut tut, Ihr Wohlbefinden steigert und Sie glücklich macht. Definieren Sie ganz klar, was Sie erreichen möchten und zwar auf langfristige Sicht.

GESUNDHEIT – WER SICH GUT FÜHLT, ERREICHT LEICHTER SEINE ZIELE

Dieser Punkt sollte Ihnen besonders wichtig sein. Ihre eigene Gesundheit. Jeder Mensch hat nur ein Leben und das sollten wir nutzen und uns deutlich bewusst machen. Sind Sie gesund, dann geht es Ihnen gut und Sie sind mit vielen anderen Sorgen in Ihrem Leben beschäftigt. Ihre Lebensqualität hängt von unterschiedlichen Dingen ab und ist für jeden etwas anders zu deuten. Dem einen sind materielle Dinge immens wichtig. Der andere sieht die Familie als wichtigstes Kriterium für eine gute Lebensqualität und bei dem nächsten spielt der soziale Status die wichtigste Rolle. Jeder hat andere Prioritäten im Leben, die er verfolgt und die Ihn glücklich und zufrieden machen. Sind Sie allerdings krank, dann stellt diese Krankheit alles andere in den Schatten und die Sorge über Ihre Gesundheit überwiegt. Je nach Schwere der Krankheit dreht sich alles nur noch darum und stellt alle anderen Prioritäten hinten an. In diesem Moment lässt sich erkennen, dass die Gesundheit das Wichtigste Gut in unserem Leben ist. Das wird uns allerdings meist erst bewusst, wenn sie nicht mehr da ist.

Deshalb schenken Sie Ihrem Körper besondere Beachtung und erkennen Sie etwaige Warnsignale, die Ihr Körper sendet, bevor er erkrankt oder ihm etwas Schaden zufügt. Achten Sie auf diese Zeichen nicht, dann ist Ihr Körper nicht so belastbar, kraftvoll, leistungsfähig oder erledigt nicht so konzentriert die Aufgaben, die Sie erledigen möchten, als bei voller Gesundheit. Ihre Ziele rücken in den Hintergrund und Sie verlieren Sie aus den Augen, denn die Sorge um Ihre Gesundheit überwiegt und kann nie ganz ausgeblendet werden. Sind Sie allerdings gesundheitlich fit und fühlen sich gut, dann fällt es Ihnen bedeutend einfacher, Ihre Ziele zu verfolgen und am Ball zu bleiben.

Geben Sie auch bei körperlichem Wohlbefinden, Ihrer Gesundheit einen Platz auf Ihrer Prioritätenliste und tuen Sie etwas dafür, um gesund zu bleiben und sich weiterhin körperlich wohl zu fühlen. Mit ein paar einfachen Dingen erreichen Sie schon eine Wirkung und Sie fügen Ihrem Körper keine unnötigen Schäden zu.

Tipps, die für die Gesundheit von Vorteil sind

> Trinken Sie ausreichend Wasser! Mindestens 2-3 Liter Wasser sollte ein Erwachsener am Tag zu sich nehmen. Das kann verschiedene Symptome wie Schwindel, Kopfschmerzen, Verstopfung, Müdigkeit und noch viele mehr, lindern.

> Ernähren Sie sich gesund! Eine ausgewogene und gesunde Ernährung ist sehr wichtig. So führen Sie Ihrem Körper alle nötigen Nährstoffe zu, die er benötigt.

> Bewegung tut uns allen gut! Achten Sie darauf, dass Sie sich jeden Tag ausreichend bewegen oder Sport betreiben. Das ist nicht nur förderlich für Ihre Gesundheit, sondern tut auch Ihrer Seele gut.

> Vermeiden Sie Stress! Achten Sie darauf, dass Sie sich wohl fühlen und nicht im Dauerstress ersticken.

> Schalten Sie mal ab! Wenn Sie nach einem Arbeitstag die Haustüre reinkommen, dann verschließen Sie diese hinter sich und lassen somit auch die Arbeit hinter sich. Schalten Sie ab, versuchen den Kopf frei zu räumen und den Arbeitsstress vor der Tür zu lassen.

Der ständige Stress kann ebenso auf Dauer zu gesundheitlichen Schäden führen. Deshalb Nehmen Sie sich die folgenden Tipps zur Entspannung zu Herzen und gönnen Sie sich ab und zu mal etwas Zeit für sich und Ihren Körper.

ENTSPANNUNGSTIPPS

Sie merken, Sie sind angespannt und können sich nicht mehr konzentrieren. Dann gönnen Sie sich eine Pause und atmen tief durch. Ein Familien- und Arbeitsleben ist anspruchsvoll und braucht Kraft und Ausdauer um es ordentlich zuführen. Unser Leben ist häufig viel zu stressig und schnelllebig. Auf Dauer kann das sogar der Gesundheit schaden und zu einem Burn-Out führen. Umso wichtiger ist eine gute Work-Life-Balance. Ein Gleichgewicht zwischen dem stressigen Beruf und dem stressigen Privatleben aber auch ein Gleichgewicht zwischen Anspannungsphasen und Entspannungsphasen ist sehr wichtig. Kleinere Pausen, die Sie mit Entspannung füllen, werden Ihnen sicherlich hilfreich sein und Sie zum Aufatmen anregen. Mit den folgenden 10 Tipps gelingt es Ihnen mit Sicherheit sich zu entspannen, sodass Sie neue Kraft tanken können, um Ihren Zielen mit gefülltem Tank entgegenzuschreiten.

Entspannungstipp 1: Starten Sie positiv in den Tag

Was gibt es Schlimmeres als einen schlechten Start in den Tag? Da ist der Stress doch schon vorprogrammiert. Sorgen Sie dafür, dass Sie morgens nicht in Hektik geraten und in Ruhe Ihre Aufgaben erledigen können, die Sie beispielsweise vor der Arbeit zu machen haben. Sorgen Sie also dafür das Ihr Wecker pünktlich klingelt und Sie nicht verschlafen. So können Sie in Ruhe ins Bad gehen und Ihr morgendliches Ritual ohne Stress und Zeitdruck erledigen. Planen Sie auch noch genügend Zeit für einen Kaffee ein, damit Sie wach werden und diesen nicht im Stehen beim Anziehen oder anderen Erledigungen morgens trinken müssen. Ein ruhiges Frühstück, oder eben nur der Kaffee, ist der beste Garant für einen super Start in den Tag.

Entspannungstipp 2: Legen Sie die Füße hoch und denken Sie an etwas Schönes

Legen Sie sich auf die Couch oder draußen auf eine Wiese. Vielleicht setzen Sie sich auch einfach bequem hin und legen die Beine hoch. Nehmen Sie sich ein leckeres Getränk mit, vielleicht eine kalte Cola, einen Kaffee oder einen leckeren Tee und denken beim entspannten Trinken an etwas Schönes. Etwas was Ihnen Freude bereitet und ein Lächeln ins Gesicht zaubert. Vielleicht denken Sie an eine tolle Erinnerung oder an einen Traum, den Sie schon immer im Kopf haben. Für einen kurzen Moment können Sie so abschalten und Ihre Anstrengung, Sorgen oder sonstigen Gedanken ausblenden. Das führt dazu, dass Sie positive Gefühle in sich tragen, die die Stimmung verbessern. Es soll eine ganz persönliche Ruhephase für den Körper sein, die er zum herunterkommen und abschalten benötigt. Ganz wichtig ist hier, dass Sie sich immer etwas Positives ins Gedächtnis rufen. Versuchen Sie für diesen Moment alles andere und vor allem Negatives auszublenden.

Entspannungstipp 3: Nehmen Sie ein Entspannungsbad

Ein warmes Entspannungsbad kann wahre Wunder bewirken. Lassen Sie sich ein Bad ein und verwöhnen Sie sich mit einem besonderen Badezusatz. In den paar Minuten, die Sie ganz für sich alleine haben, hat der Körper die Chance herunterzufahren und zu entspannen. Die Wärme und das Wasser haben eine beruhigende Wirkung und führen dazu, dass Sie sich von dem Stress erholen und abschalten können. Mit verschiedenen Zusätzen oder ätherischen Ölen, können Sie unterschiedliche Wirkungen erzielen. Vor allem abends ist ein warmes Bad mit Lavendel sehr hilfreich. Lavendel wirkt nämlich beruhigend, harmonisierend und schlaffördernd.

Entspannungstipp 4: Schalten Sie bei Ihrer Lieblingsbeschäftigung ab

Überlegen Sie sich was Sie gerne machen und versuchen Sie so für etwas Entspannung zu sorgen. Vielleicht schauen Sie gerne einen gruseligen Film oder haben eine Lieblingsserie, die Sie gerne schauen. Dann legen Sie sich auf die Couch und entspannen Sie vor dem TV. Vielleicht hören Sie auch gerne Musik oder sitzen einfach gerne auf Ihrer Terrasse und lauschen den Vögeln. Dann machen Sie das und geben Sie Ihrem Körper durch die Entspannung bei Ihrer Lieblingsbeschäftigung neue Energie und Kraft.

Entspannungstipp 5: Sorgen Sie für ausreichend Bewegung

Ein sehr wirksames Instrument gegen Stress ist die Bewegung. Durch eine ausreichende Bewegung kann der Stress im Kopf verbannt werden. Bestenfalls gelingt es Ihnen sich in der Natur zu bewegen. Der Körper wird so mit ausreichend Sauerstoff versorgt und die Muskulatur wird lockerer. Sie werden sich nach einem Spaziergang an der frischen Luft deutlich besser fühlen als zu vor. Ein Spaziergang an der frischen Luft hat außerdem einen doppelten Effekt. Sie versorgen nicht nur Ihren Körper mit ausreichend Sauerstoff und lockern die Muskulatur, sondern die Natur selbst wirkt dazu noch beruhigend. Sie lässt uns zufriedener sein und kann für kurze Zeit sogar den Blutzuckerspiegel senken. Bei dem kurzen Spaziergang draußen werden außerdem Endorphine, sogenannte Glückshormone freigesetzt, die sich ebenfalls positiv auf den Körper und das Wohlbefinden auswirken. Stellen Sie sich das Zwitschern der Vögel vor oder einen schönen Sonnenuntergang. Schon allein der Gedanke daran, bringt etwas Positives mit sich.

Entspannungstipp 6: Lenken Sie sich mit einem Ausgleich ab

Viele Menschen haben einen Ausgleich zu Ihrem stressigen Leben. Falls Sie keinen haben, dann wird es höchste Zeit, dass Sie sich einen Ausgleich suchen. Vielleicht haben Sie Spaß daran im Garten zu werkeln? Dann gehen Sie in Ihrer Entspannungsphase nach draußen und arbeiten in Ihrem Garten. Nicht nur durch die Bewegung bauen Sie Ihren Stress ab, sondern eventuell erhalten Sie auch durch das Resultat positive Energie. Vielleicht sehen Sie Ihren Ausgleich aber auch in einer sportlichen Aktivität, die Ihnen Freude bereitet und Sie entspannen lässt. Hierbei ist aber Vorsicht geboten. Denn nicht jeder Sport führt zu Entspannung und neuer Energie. Zu viel Sport kann schnell zu Stress und zum Gegenteil führen, als wir eigentlich erreichen wollen. Nämlich die Entspannung des Körpers!

Entspannungstipp 7: Schalten Sie ab bei einem Abend mit Ihrem Partner

Nehmen Sie sich einen Abend oder auch einen Nachmittag vor, den Sie nur mit Ihrem Partner oder anderen lieben Menschen verbringen. Unternehmen Sie etwas zusammen, was den alltäglichen Kram in den Schatten stellt. Gehen Sie beispielsweise eine Runde spazieren oder etwas leckeres Essen und anschließend noch ins Kino. Vielleicht legen Sie auch eine Shoppingtour ein und verpassen sich ein neues Outfit. Was Sie machen ist völlig egal. Die Hauptsache ist, Sie gehen Ihren Aufgaben aus dem Weg, die Sie noch zu erledigen haben und schalten Ihren Kopf dahingehend komplett ab.

Entspannungstipp 8: Machen Sie eine kurze Entspannungsübung

Vor allem wenn Sie im Büro arbeiten und ausschließlich sitzen, sind solche Übungen sehr gut, um kurzeitig für Aufatmung zu sorgen. Ihr Körper wird beim Sitzen mit weniger Sauerstoff versorgt, als wenn sie eine stehende oder laufende Tätigkeit ausüben. Stehen Sie deshalb immer mal wieder auf und führen eine Atemübung oder eine andere Entspannungsübung durch. Es reicht hier auch einfach, wenn Sie aufstehen und eine Minute lang tief durch die Nase einatmen und durch den Mund wieder aus. So belüften Sie Ihre Lungenflügel und sorgen dafür, dass Ihr Körper mehr Sauerstoff erhält. Alternativ können Sie viele verschiedene Yogaübungen anwenden, die Sie sich aus dem Netz ziehen oder eventuell schon kennen.

Entspannungstipp 9: Bringen Sie Ihren Körper mit autogenem Training zur Ruhe

Beim autogenen Training nutzen Sie die Kraft Ihrer Gedanken und versetzen so Ihren Körper in einen Ruhe- und Entspannungszustand. Sie benötigen einzig und allein ein ruhiges Plätzchen, an dem Sie sich hinlegen können. Wenn Sie eines gefunden haben, dann legen Sie sich hin und schließen die Augen. Konzentrieren Sie sich ausschließlich auf Ihren Körper. Sagen Sie sich in Gedanken solche Dinge vor wie: „Mein linkes Bein wird ganz schwer." In diesem Moment stellen Sie sich dann auch vor, wie Ihr linkes Bein plötzlich viel schwerer wird. Tatsächlich entspannen sich in diesen Momenten Ihre Muskeln und lockern sich auf. Gehen Sie nun in Gedanken alle Körperteile durch, bis sich Ihr gesamter Körper entspannt anfühlt. Es gibt bestimmt auch in Ihrer Nähe Kurse, in denen autogenes Training angeboten wird. Durch diese können Sie die Entspannungstechnik professionell erlernen.

Entspannungstipp 10: Verwöhnen Sie sich mit einer Massage oder einem Wellness-Tag

Gönnen Sie sich ab und an eine etwas teurere und ebenso sehr wirksame Ablenkung. Verbringen Sie beispielsweise einen Tag in einer Therme und schalten bei den unterschiedlichen Aktivitäten ab. Ob Sie in der Sauna ein paar Aufgüsse mitnehmen oder sich in den unterschiedlichen Becken im Wasser einfach mal treiben lassen. Vielleicht machen Sie auch beides? Das liegt ganz an Ihrem Geschmack und bleibt ganz Ihnen überlassen. Oder Sie lassen sich durch eine professionelle Massage verwöhnen. Nach einer ausgiebigen Massage fühlt man sich wie neu geboren und erhält wieder neue Kraft, die kommenden Aufgaben zu erledigen. Um dem Alltagsstress etwas länger zu entweichen, können Sie auch ein komplettes Wellnesswochenende einlegen. Das lässt Sie wenigstens für ein paar Tage die Hektik und den Stress des alltäglichen Lebens vergessen und führt zu neuer Energie.

STRATEGIEN, UM SICH BESSER FOKUSSIEREN ZU KÖNNEN

Der Fokus, was ist das eigentlich? Der Begriff Fokus meint im eigentlichen Sinn eine Schnittstelle in einem abbildenden optischen Gerät, an dem sich die Strahlen treffen und dort zerteilen. Im umgangssprachlichen Sinne meint dieser Begriff jedoch einfach nur den Mittelpunkt, den zentralen Punkt oder den Schwerpunkt einer Situation oder von Etwas. So ist er auch in diesem Buch gemeint. Wenn wir also nach Strategien suchen, die uns besser fokussieren lassen können, dann meinen wir Strategien, die es einem ermöglichen, sich besser auf den Schwerpunkt zu konzentrieren und die anderen Sachen links liegen zu lassen. Diese Strategien sind besonders wichtig, um ihre Konzentration aufrecht zu erhalten und weiter diszipliniert Ihr Ziel zu verfolgen. Denn überall an jeder Ecke lauern Ablenkungen, die Sie von Ihrem eigentlichen Fokus abhalten und Sie dazu bringen, kurzeitigen Freuden oder Ablenkungen nachzugehen. Doch genau das hält Sie von Ihrem eigentlichen Ziel ab und erschwert Ihnen den Weg. Mit den folgenden 7 Schritten, behalten Sie Ihren Fokus besser im Blick.

1. Schritt: Erstellen Sie sich einen Plan

Verschaffen Sie sich einen Überblick und erstellen Sie einen Plan. Bevor Sie ein Vorhaben anpeilen, erstellen Sie sich im Kopf oder schriftlich auf einem Blatt Papier einen Ablauf. So ersparen Sie sich kostbare Zeit und können sich direkt auf Ihr Vorhaben konzentrieren. Um diesen Schritt zu erarbeiten, kann ein Terminplaner oder Kalender sehr hilfreich sein. In diesem können Sie alle wichtigen Termine eintragen, sich Notizen machen und hinzufügen, welche Aufgaben Sie noch zu erledigen haben. Ob Sie etwas großes oder kleines planen spielt hierbei keine Rolle. Denn Sie können auch bei kleineren Aufgaben den Fokus verlieren. Stellen Sie deshalb auf jeden Fall heraus, welche Ihrer Vorhaben dringend sind und welche warten können. So können Sie die Priorität der Aufgaben markieren und arbeiten als erstes die Dinge ab, die Sie für sich mit einer hohen Priorität gekennzeichnet haben.

2. Schritt: Stellen Sie Ihre Geräte Offline

Die ständige Erreichbarkeit in der heutigen Zeit kann für Sie sehr schnell zum Verhängnis werden. Das Smartphone ist immer in Reichweite und kann einer der Gründe sein, warum es Ihnen nicht gelingt, den Fokus beizubehalten. Ein gut gemeinter Tipp ist: Schalten Sie den Flugzeugmodus ein. Wenn Sie Offline sind, kann das Telefon Sie nicht von Ihrer Arbeit abhalten und es ist einfacher, sich auf die Arbeit zu konzentrieren und am Ball zu bleiben. Damit das Festnetztelefon Sie nicht stört, ziehen Sie hier einfach den Stecker raus. So gewährleisten Sie, dass Sie durch einen Anruf oder eine Nachricht nicht gestört werden. Der Computer oder Laptop kann für Sie ebenfalls gefährlich werden. Durch die Verlockung den Browser zu öffnen und im Netz zu surfen oder mal eben schnell die E-Mails checken, verliert man ebenso schnell den Überblick, wie durch das Handy. Deshalb gehen Sie wenn möglich auch hier offline, um dieser Verlockung aus dem Weg zu gehen.

3. Schritt: Blenden Sie Ihr Umfeld aus

Schalten Sie Ihr Umfeld aus! Das hört sich schlimmer an wie gemeint. Ich meine hiermit, dass Sie sich eine Zeit am Tag fest einplanen, in der Sie sich nur der zu erledigenden Aufgabe widmen. Nehmen Sie sich beispielsweise 45 Minuten, in denen Sie ausschließlich die Literatur für ihre Masterarbeit lesen. Oder planen Sie feste 45 Minuten für den Haushalt ein. In dieser Zeit sollten Sie jegliche Ablenkung vermeiden. Am besten planen Sie diese Zeit, wenn Ihre Familie außer Haus ist oder mit anderen Dingen beschäftigt ist. Je nach Aufgabe, ziehen Sie sich Kopfhörer auf die Ohren und hören Sie Musik. Oder benutzen Sie Ohrstöpsel, für die Zeit, in der Sie sich ausschließlich auf Ihre Arbeit konzentrieren möchten. So gehen Sie der Geräuschkulisse, die Sie im Hintergrund immer begleitet, aus dem Weg.

4. Schritt: Gönnen Sie sich Pausen

Je länger Sie konzentriert an einer Tätigkeit sind, desto unkonzentrierter werden Sie und können den Fokus nicht ausschließlich bei Ihrer Arbeit behalten. Gönnen Sie sich also Pausen, in denen Sie sich erholen können. Pausen müssen nicht immer nur Faulenzertätigkeiten, wie Schlafen, rumliegen, sitzen oder auf der Couch ruhen sein. Diese Tätigkeiten meine Ich keinesfalls negativ. Aber wenn Sie sich mal eben die Beine vertreten gehen und frische Luft schnappen, kann Ihnen das ebenso die Kraft geben, die Sie zum weiteren konzentrierten Arbeiten benötigen, wie diese eben genannten Beispiele an Faulenzertätigkeiten. Außerdem ist ausreichender und guter Schlaf wichtig. Wenn Sie ausgeschlafen sind, können Sie sich besser konzentrieren, als bei Müdigkeit. Das führt auch dazu, dass Sie eher den Fokus behalten können.

5. Schritt: Räumen Sie auf

Ordnung ist das halbe Leben! Oder wie sagt man das so schön? Genau so sieht es auch aus. Durch einen ordentlichen Arbeitsplatz erhalten Sie einen besseren Überblick. Egal ob Sie zuhause Arbeiten oder im Büro. Unordnung sorgt immer für Unruhe und zieht so den Fokus schnell auf sich. Sie sitzen am Schreibtisch und die Ordner und Papiere stapeln sich rechts und links. Das kann schnell störend sein und Sie fangen während Ihrer eigentlichen Arbeit an, das Chaos zu beseitigen. Schon liegt der Fokus nicht mehr auf der Arbeit, die Sie eigentlich erledigen wollten. Sorgen Sie also dafür, dass Ihr Arbeitsplatz immer schön sauber und aufgeräumt ist, bevor Sie mit Ihrer Arbeit beginnen. So umgehen Sie diese Ablenkung und es hilft Ihnen, den Fokus zu behalten.

6. Schritt: Vermeiden Sie Multitasking

Wer kennt es nicht? Sie telefonieren mit einem Freund/ einer Freundin, räumen dabei die Spülmaschine aus und versuchen gleichzeitig noch das Chaos zu beseitigen, dass Ihre Kinder wieder einmal in der Küche angerichtet haben. Bei diesen Aufgaben mag Multitasking ja noch funktionieren. Aber bei wichtigeren und anspruchsvolleren Aufgaben, verhindert das Arbeiten an vielen einzelnen Bausteinen, dass Sie fokussiert sein können. Nur die wenigsten Menschen auf der Welt, sind dazu in der Lage, mehrere Aufgaben konzentriert gleichzeitig zu erledigen. Auch wenn das viele von sich denken, stimmt es nicht. Denn wenn Sie mehrere Aufgaben auf einmal erledigen, kann Ihr Fokus niemals ganz einer Aufgabe gewidmet sein. Sie konzentrieren sich also auf mehrere Sachen gleichzeitig und so passieren häufiger Fehler. Ihre Gedanken springen von einer Aufgabe zur nächsten und das führt zu Stress. Vermeiden Sie also das Multitasking, versuchen Sie sich auf eine einzige Aufgabe zu konzentrieren und blenden Sie den Rest aus.

7. Schritt: Versuchen Sie Ihre Probleme zu lösen

Ein Grund, warum Menschen nicht fokussiert arbeiten, sind Sorgen oder Probleme, die Sie privat gerade erleben. Es kann jedoch fatale Folgen für Sie haben, wenn Sie beispielsweise durch Ihre privaten Probleme bei der Arbeit den Fokus verlieren und unkonzentriert arbeiten. Je nach Position und Fehler, kann Sie das Ihren Job kosten. Also gehen Sie Ihre Sorgen an und versuchen Sie diese zu lösen. Manchmal hilft es schon, wenn man sich jemandem anvertraut und die Sorgen einmal ausgesprochen hat. Oft wirkt das befreiend und die Last fällt etwas von einem ab. Vielleicht erhalten Sie so auch Tipps, um Ihre Probleme lösen zu können und es eröffnen sich andere und neue Wege. Suchen Sie sich also eine vertraute Person und werden Sie einmal all Ihre Sorgen los. Das schafft wenigstens für einen Moment Abhilfe. Denn es lassen sich leider nicht alle Sorgen sofort oder in kurzer Zeit klären und abschaffen.

Befolgen Sie diese Schritte, fällt es Ihnen bedeutend einfacher sich selbst zu disziplinieren und bei der Sache zu bleiben. Halten Sie sich ganz bewusst an diese Schritte, dann gelingt es Ihnen Ihren Fokus zu wahren und Sie kommen Ihrem Ziel ein Stückchen näher.

Die guten Vorsätze und was sie scheitern lassen!

Ab Morgen geht es richtig los. Ich möchte abnehmen und achte auf meine Ernährung! Im neuen Jahr möchte ich mein Leben umkrempeln und viel mehr auf Sauberkeit und Ordnung achten. Oder: Ich habe mir für das neue Jahr vorgenommen, etwas mehr auf meine Gesundheit zu achten und mehr Sport zu treiben. Wer kennt es nicht? Die guten Vorsätze für das kommende Jahr. Ich kenne das zu gut. Vor allem nicht nur zum Jahresanfang. Sondern oft verschiebe ich meine guten Vorsätze auf die nächste Woche. Ab Montag geht es los. Montag ernähre ich mich gesund und ausgewogen. Ich denke in solchen Situationen erkennen sich einige Personen wieder. Aber warum ist das so? Warum scheitern wir immer wieder und behalten unsere Vorsätze nicht bei und verfolgen Sie bis zum Ende? Was hält uns immer wieder davon ab? Die Antwort auf diese Fragen muss nicht einfach heißen: Ich habe zu wenig Selbstdisziplin und deshalb scheitere Ich immer wieder. Es gibt noch weitere andere Gründe als die fehlende Selbstdisziplin, die dazu führen, dass man seinen Vorsatz nicht erreicht und ihn aus den Augen verliert beziehungsweise hintenanstellt.

1. Erschöpfung der Willenskraft!

Ein ganz wichtiger Faktor, der uns den Weg zum Ziel versperrt und scheitern lässt ist die Willenskraft. In einem der vorherigen Kapitel habe ich Ihnen erklärt, dass die Willenskraft wie ein großer Muskel gesehen werden kann. Beansprucht man ihn zu sehr, dann erschlafft er und benötigt eine Pause, da er erschöpft ist. Genauso ist es mit der Willenskraft. Sie ist begrenzt und wir haben nicht den ganzen Tag ein unbegrenztes Maß an Willenskraft zur Verfügung. Haben wir sie am Morgen aufgebraucht, dann wird es am Abend sehr schwer standhaft zu bleiben und sich durch den eigenen festen Willen gegen eine schlechte Gewohnheit zu stellen. Achten Sie also auf ein Gleichgewicht und versuchen Sie Ihre Willenskraft für die wichtigen Dinge und Ziele aufzusparen.

2. Ein zweiter wichtiger Faktor ist die Ablenkung.

Überall an jeder Ecke und in jeder Situation werden wir von den unvorstellbarsten und einfachsten Dingen abgelenkt und in Versuchung gebracht. Vor allem in der heutigen modernen Zeit, ist dieser Faktor stärker als er früher war. Vor allem das Internet und die Vernetzbarkeit zwischen allem und jedem, also das ständige Online sein, ist eines der Hauptprobleme, denen wir uns stellen müssen. Jede Ablenkung lässt uns unseren Blick von unserem eigentlichem Fokus abwenden und wir verlieren so unser Ziel aus den Augen. Versuchen Sie, mit den Tipps aus den vorherigen Kapiteln, jegliche Ablenkung zu vermeiden, um den Fokus zu behalten.

3. Ein Vorsatz ist kein klares Ziel!

Ebenso wichtig sind also klar definierte und greifbare Ziele. Setzen Sie die Messlatte nicht zu Hoch. Solche Ziele sind meist von vorn herein zum Scheitern verurteilt. Ebenso ist ein Vorsatz kein klar definiertes Ziel. Wenn Sie sich „nur" etwas vornehmen, erscheint es nicht so wichtig und man kann gut und gerne einmal darauf verzichten. Deshalb formulieren Sie Ihre Vorsätze immer als Ziel.

4. Zeitmangel!

Der Zeitfaktor, der einer Person zum Erreichen eines Zieles zur Verfügung steht, ist ebenso von großer Bedeutung. Jedes Ziel, welches eine Person erreichen möchte, benötigt Kraft, Ausdauer und oftmals auch Anstrengung, die aufgebracht werden muss. Oftmals benötigt man dazu ein gewisses Maß an zeitlicher Ressource, damit man die Arbeit zum Ziel leisten kann. Möchten Sie beispielsweise innerhalb 8 Wochen 10 kg abnehmen, dann ist diese Zeit doch recht knapp bemessen. Auch benötigen Sie Zeit, um sich über den Weg zum Ziel zu informieren oder sie müssen sich Tipps zum Erreichen des Zieles beschaffen. Diese Zeit müssen Sie an anderen Enden einsparen und aufbringen. Der zeitliche Faktor ist also nicht unerheblich und sehr wichtig, um Ihren Zielen nachzugehen. Ungeduld bringt hier gar nichts und setzt Sie nur weiter unter Druck. Rom wurde auch nicht an einem Tag errichtet. Wie heißt es so schön: Gut Ding will Weile haben!

5. Das Ziel ist nicht wichtig genug!

Häufig möchte man etwas erreichen, was einem noch nicht so wichtig ist oder richtig stört. Man kann sagen, dass die Schmerzgrenze noch nicht erreicht ist. Stellen Sie sich beispielhaft vor, Sie möchten 5 kg abnehmen. Sie fühlen sich zwar etwas unwohl, aber so wirklich hat es noch nicht Klick gemacht. Wenn Sie in den Spiegel schauen, dann sehen Sie zwar ein paar Stellen, an denen Sie gerne etwas weniger hätten, aber fühlen sich dennoch attraktiv und gut. Dann ist Ihnen dieses Ziel 5 kg abzunehmen noch nicht wichtig genug und es wird Ihnen bedeutend schwerer fallen, dieses zu erreichen.

6. Der Weg zum Ziel ist nicht klar!

Sehr wichtig ist es, die richtige Herangehensweise zu finden. Wenn Sie nicht wissen, wie sie am besten Ihr Ziel erreichen sollen, dann wird Ihnen das auch nicht gelingen. Finden Sie also heraus, wie Sie den richtigen Weg zum Ziel finden. Nur wenn Sie auch wissen wie es geht, gelangen Sie ans Ziel!

7. Zu viele Ziele auf einmal!

Ein häufiger Grund warum manche Menschen nicht ans Ziel gelangen ist, die Überforderung. Zu viele Ziele führen dazu, dass man viele verschiedene Dinge auf einmal macht und somit keine Aufgabe zu 100%. Schnell gibt man so ein Ziel auf, damit man sich den anderen besser widmen kann. Vermeiden Sie dieses Multitasking-Verhalten und machen Sie lieber eine Aufgabe nach der anderen zu jeweils 100%.

Halten Sie sich an all diese Punkte, dann besteht eine deutlich höhere Chance, dass Sie Ihren Vorsätzen nachgehen und Sie diese auch umsetzen können. Haben Sie durch eine Sache einen Leidensdruck, dann ist es natürlich Ihre oberste Priorität, diese Sache loszuwerden. Je höher der Leidensdruck ist, desto höher ist auch die Priorität. Letztlich ist es also eine Sache Ihrer eigenen Prioritäten, welchen Vorsatz Sie haben und erreichen werden.

Wie organisiere ich mein Leben besser?

Ordnung ist das halbe Leben. Das habe ich Ihnen schon gesagt, als es um die Strategien ging, wie Sie sich besser fokussieren können. Das gilt aber nicht nur für den sachlichen Teil. Also nicht nur die Gegenstände müssen und sollen aufgeräumt sein, sondern auch das Leben sollte aufgeräumt sein. Das geht am besten mit einer sorgfältigen Organisation. Unerledigte Aufgaben schwirren einem ständig im Kopf herum und kommen meist zu den unmöglichsten Zeiten heraus und beschäftigen einen. Zum Beispiel fällt Ihnen wahrscheinlich kurz vorm Einschlafen abends im Bett ein, dass Sie für morgen ja noch einen Kuchen backen wollten, den Sie mit auf die Arbeit nehmen müssen.

Also stehen Sie entweder wieder auf und backen noch einen oder stellen sich den Wecker eine Stunde früher, um den Kuchen noch vor der Arbeit zu backen. Hätten Sie das Kuchenbacken organisiert, also irgendwo festgehalten, dann wäre die Gefahr deutlich geringer, bis gar nicht vorhanden gewesen, das Backen des Kuchens zu vergessen. Am besten ist es wichtige Aufgaben und Erledigungen zu einer Zeit fest zu planen und so vorher die Organisation festzulegen. Fehlt diese Organisation, verliert man schnell die Kontrolle und es läuft nicht so, wie es geplant ist. Ich möchte Ihnen ein paar Tipps mit auf den Weg geben, die Ihnen dabei helfen, Ihr Leben unter Kontrolle zu bringen und sich selbst besser zu organisieren. So erhalten Sie einen Überblick über alle anstehenden Termine und Aufgaben und verlieren Ihre Ziele nicht aus den Augen.

Tipp 1: Alles wichtige aufschreiben!

Ihr Kopf ist mit vielen wichtigen und auch unwichtigen Dingen gefüllt. Warum sollten Sie sich etwas merken, wenn Sie es auch aufschreiben können? Das erspart Ihnen viel Kraft und somit unnötige Überlegungen und Gedanken. Denn Ihr Gehirn beschäftigt sich auch unbewusst mit noch zu erledigenden Aufgaben, die Ihnen im Kopf rumkreisen. Sie können niemals mit voller Energie bei einer Sache sein, wenn Ihr Kopf damit beschäftigt ist, sich viele Dinge gleichzeitig zu merken, damit sie nicht vergessen gehen. Deshalb schreiben Sie die Aufgaben oder alle Dinge, die Sie beschäftigen auf. So geht es nicht vergessen und Ihr Kopf kann diese Sache aus dem Gedächtnis streichen. Besorgen Sie sich also einen übersichtlichen Terminplaner, der für alle zugänglich ist. Hier tragen Sie alle wichtigen und zu erledigenden Aufgaben und Termine ein. Alternativ können Sie sich auch eine App runterladen und sich mit Ihrem Partner vernetzen.

Tipp 2: Setze Prioritäten!

Überlegen Sie sich ganz genau, welche Aufgaben dringend sind und welche noch etwas Zeit haben. Markieren Sie sich diese unterschiedlichen Dringlichkeiten farbig, so dass Sie auf einen Blick erkennen können, welche Aufgabe Sie eventuell noch einmal verschieben können und welche Aufgabe sofort erledigt werden sollte. Vor allem überlegen Sie sich genau, mit welchen Aufgaben Sie an Ihr Ziel gelangen. Welche Aufgaben bringen Sie Ihrem Ziel näher und sind effektiv? Diese Aufgaben bemessen Sie ebenso mit einer höheren Priorität.

Tipp 3: Regelmäßig die Aufgaben aktualisieren!

Ebenso wichtig wie das Aufschreiben der Termine und Aufgaben, ist die Überprüfung dieser Aufgaben. Es nützt Ihnen gar nichts, wenn Sie vor 4 Wochen im Kalender stehen hatten, dass Sie den Kleiderschrank ausmisten wollen und es nie gemacht haben. Falls Ihnen mal eine Aufgabe nicht gelingt, die Sie eigentlich geplant haben, dann sorgen Sie dafür, dass diese Aufgabe innerhalb der nächsten freien Zeit geplant wird. Tragen Sie diese Aufgabe also erneut ein. Schauen Sie sich am

Abend an, welche Aufgaben Sie erledigt haben und haken Sie diese ab. So behalten Sie den Überblick und es geht nichts unter.

Tipp 4: Den Terminplaner immer greifbar haben!

Sorgen Sie dafür, dass Sie Ihre Termine immer und zu jederzeit im Überblick haben können. Es bringt Ihnen gar nichts, wenn Sie Termine ausmachen und Ihnen dann zuhause beim Blick in den Kalender auffällt, dass an diesem Tag oder zu dieser Uhrzeit schon etwas geplant ist. Das führt wieder zu unnötigem Stress, der umgangen werden kann, wenn Sie Ihren Kalender, Ihre To-Do-Liste oder was auch immer, greifbar haben. Am aller sinnvollsten ist es, wenn Sie dafür nicht alles einzeln anlegen und an verschiedenen Orten aufbewahren, sondern wenn Ihr Kalender gleichzeitig Platz für eine To-Do-Liste, Ideen und Notizen hat. Ob es digital oder ganz altmodisch handschriftlich auf einem Blatt Papier notiert wird, ist dabei völlig egal.

Tipp 5: Planen Sie die Aufgaben großzügig!

Es ist ganz normal, wenn eine Aufgabe mal etwas länger dauert als geplant. Oder wenn irgendwelche Termine kurzfristig dazwischenkommen. Deshalb ist es wichtig, Ihre Zeitplanung sehr großzügig zu halten. Bei Aufgaben mit ungewisser Zeitdauer, planen Sie mindestens 45 Minuten mehr ein, wie Sie eigentlich schätzen. Was gibt es Schlimmeres wie von einem Termin zum nächsten zu hetzen und ständig unter Druck zu sein? Manchmal lässt sich der Zeitdruck nicht verhindern. Jedoch sollte das nicht zur Regelmäßigkeit werden. Falls Sie doch mal einige Zeit früher mit Ihren Aufgaben fertig sein sollten, dann nutzen Sie die Zeit, um sich mit etwas Schönem zu belohnen.

Tipp 6: Trainieren Sie die Selbstorganisation!

Vor allem in den Anfängen der Selbstorganisation ist es wichtig, Ihre Zeit sehr großzügig einzuteilen und auch freie Zeit einplanen, da Sie erst einmal schauen müssen, wie Sie so zurechtkommen. Da Sie wahrscheinlich viel schaffen möchten, planen Sie sich besonders viel an einem Tag ein. Das ist meist viel mehr, als wir an einem Tag schaffen können. Aber durch regelmäßiges Training haben Sie etwas mehr Erfahrung und die unrealistische Einteilung legt sich etwas.

Als kleines Beispiel soll folgende Situation eines organisierten Familienlebens dienen:

Montags hat die große Tochter Schwimmen. Dienstags und donnerstags hat der Kleine Fußballtraining. Mittwochs geht Ihre Tochter ins Ballett und samstags zum Reiten. Jeden Tag ist eine andere Aktivität, der Ihre Kinder nachgehen. Hinzu kommen noch viele Termine, die Sie derzeit haben, da Sie ein Haus bauen. Hier ein Treffen mit dem Architekten, da ein Treffen mit dem Handwerker und dann noch die Zeit, in der Sie den Ausbau des Hauses in Eigenleistung erledigen. Zwischendurch müssen Sie dann auch noch die alltäglichen Dinge erledigen wie Einkaufen, Putzen, Wäsche waschen und andere Hausarbeiten, die so anfallen. Eigentlich haben Sie durch Ihren vollgepackten Terminkalender schon gar keine Zeit mehr zu arbeiten. Aber was muss, das muss! Jedoch ist ein Treffen mit Freunden in den seltensten Fällen noch drin. Sie schauen auf Ihren Kalender, in dem jeden Tag andere Termine vermerkt sind und suchen noch eine Stunde, in der Sie mit Ihrer Tochter das Fahrradfahren üben wollen. Ihre Kinder fordern nämlich auch noch Aufmerksamkeit, die ihnen auch zusteht und die sie auch bekommen sollen.

Schnell sehen Sie, dass Dienstag nach dem Fußballtraining des Kleinen noch ein bisschen Zeit bleibt. Also tragen Sie das direkt in Ihren Kalender ein. Ihr Familienplaner ist das Herzstück. Mit diesem fällt und steht Ihr Tag. Das hat er schon sehr oft bewiesen. Sie tragen jede einzelne Kleinigkeit und Aufgabe dort ein, damit nichts vergessen geht und Sie das schaffen, was Sie sich vorgenommen haben. Auch Ihr Partner kann jederzeit auf den Kalender zugreifen. So hat jeder den Stand der Dinge vor Augen und hat einen Plan, was als nächstes ansteht.

Jetzt überlegen Sie einmal, wie das Familienleben aus diesem Beispiel ablaufen würde, wenn die Termine nicht so strikt und sorgfältig eingetragen werden und für jeden visuell ersichtlich sind. Es ist auf jeden Fall deutlich klar, dass es sehr chaotisch wäre, all den Aktivitäten und Terminen nachzukommen. Vor allem würde es deutlich mehr Zeit brauchen, um alles unter den Hut zu bekommen. Denn nur mit der strikten Planung, bekommen Sie einen Termin nach dem anderen erledigt.

Nicht nur träumen, sondern auch machen!

Viele Menschen haben Ziele, die Sie gerne erreichen möchten und sich vornehmen. Doch alleine sich das Ziel vorzunehmen reicht nicht aus. Sie dürfen nicht nur träumen, sondern müssen die Sache auch anpacken. Nur so kommen Sie Ihren Zielen näher. Dieser Weg führt fast immer über die Selbstdisziplin. Sind Sie selbstdiszipliniert, dann bedeutet das sicherlich ein Verzicht auf Freizeit, Spaß und andere Dinge, die Sie vielleicht in einigen Augenblicken lieber machen möchten.

Dieser Verzicht zahlt sich allerdings langfristig viel mehr aus, als wenn Sie den kurzeitigen Freuden in Ihrem Leben nachjagen. Wichtig ist, dass Sie sich zunächst selber kennenlernen. Dazu gehören ganz besonders auch Ihre Schwächen. Diese müssen Ihnen bewusst sein, damit Sie dagegen vorgehen können oder ihnen entgegenwirken können. Werden Sie sich klar was Sie genau erzielen möchten und halten sich dabei von Anfang an die Wichtigkeit der Selbstdisziplin vor Augen. Sie ist der Motor allen Erfolgs.

Überlegen Sie sich wie der Weg zu Ihrem Ziel aussehen kann und fangen Sie dann einfach an. Es bringt Ihnen gar nichts, Ihre Entscheidungen immer wieder neu zu überdenken, da vielleicht ein anderer Zeitpunkt der bessere sein könnte. Sie putzen ja auch jeden Morgen erneut Ihre Zähne, da es einfach dazu gehört. Legen Sie also einfach los und fangen Sie endlich an. Vor allem am Anfang wird es für Sie sehr schwierig sein, Ihre Disziplin aufrecht zu erhalten. Sollte Ihnen das aus irgendwelchen Gründen mal nicht so gelingen, wie Sie es sich vorgestellt haben, dann seien Sie nicht enttäuscht und machen einfach am nächsten Tag weiter.

Hinfallen ist nicht schlimm und sogar manchmal wichtig. Schlimm ist nur wenn Sie liegen bleiben. Also stehen Sie auf und richten die Krone.

Sehen Sie es als Lehre für das nächste Mal an. Dann werden Sie es einfach besser machen. Demotivierend kann hier auch ein übermäßiger Perfektionismus sein. Den sollten Sie ganz schnell ablegen, denn kein Mensch ist perfekt. Gestehen Sie sich Fehler und Schwächen ein und arbeiten daran.

Sie haben auf den vorherigen Seiten gelernt, warum Selbstdisziplin so wichtig ist. Nicht nur der berufliche Erfolg hängt mit der Selbstdisziplin zusammen, sondern auch die Lebenszufriedenheit hängt entscheidend davon ab. Auch die Persönlichkeitsentwicklung und die sozialen Beziehungen werden davon beeinflusst. Es kann Ihnen also nur von Vorteil sein, wenn Sie über ein gesundes Maß an Selbstdisziplin verfügen. Eine ganze Reihe an Verbesserungen wird in Ihrem Leben eintreffen. Größerer Erfolg im Beruf oder der Schule, Ihre Lebenszufriedenheit steigert sich, Sie haben bessere soziale Beziehungen und auch sonst weniger Probleme in Ihrem Leben. Das folgende Kapitel soll Ihnen als Anleitung dienen, disziplinierter durch Ihr Leben zu gehen. Mit diesen Schritten gelingt es Ihnen im Handumdrehen mehr Selbstdisziplin aufzubauen. Halten Sie sich daran, dann sollte Ihrem Erfolg nichts mehr im Wege stehen. Es lohnt sich also, diese Schritte beherzt zu lesen und ihnen mit viel Beachtung zu begegnen.

SCHRITT FÜR SCHRITT MEHR SELBSTDISZIPLIN

1. Schritt: Fangen Sie klein an!

Einer der wichtigsten Schritte ist es, klein anzufangen. Wenn Sie sich schon zu Anfang enorm viel vornehmen, dann endet es oft in Überforderung und einem Mangel an Selbstdisziplin, da Sie die viel zu hoch gesetzten Ziele oftmals nicht erreichen können. Das lässt dann schnell Unmut durchkommen und führt zum Aufgeben. Fangen Sie also klein an und nehmen sich realistische Ziele vor, die Sie verfolgen. Bitte auch nicht mehrere Ziele auf einmal. Das führt ebenso schnell zu Überforderung. Wenn Sie sich beispielsweise vornehmen endlich mal etwas Sport in Ihrem Leben zu betreiben und drei Mal die Woche laufen zu gehen, dann starten Sie nicht beim ersten Mal direkt mit einem 10 km Lauf. Setzen Sie sich für das erste Mal vielleicht 1 km als Ziel. Je nach Ihrem sportlichen Zustand vielleicht sogar noch weniger. Das führt dazu, dass Sie Ihr Ziel realistisch halten, es erreichen und dadurch motivierter sind, um den nächsten Lauf ebenso erfolgreich abzuschließen. Vielleicht schaffen Sie dann beim nächsten Mal sogar schon einen kleines bisschen mehr. Erreichen Sie Ihre Ziele, dann macht der Weg dorthin einfach viel mehr Spaß und macht Lust auf mehr.

2. Schritt: Definieren Sie ein klares realistisches Ziel und visualisieren Sie es!

Viele Menschen haben keine fest definierten Ziele, sondern nur Vorsätze, die sie gerne erreichen möchten. Aber wie Sie schon in Kapitel 6 gelernt haben, ist ein Vorsatz kein klares Ziel und deshalb oft zum Scheitern verurteilt. Sie müssen also für sich heraus finden was Sie eigentlich erreichen möchten und wofür. Wenn Ihnen der Sinn dahinter bekannt ist und Sie wissen, weshalb Sie manches erreichen möchten, dann bleibt Ihnen auch die Motivation viel eher erhalten. Finden Sie also die Motivation hinter Ihrem Ziel und schreiben Sie sich dieses Ziel ganz klar und deutlich auf. Am besten schreiben Sie das Warum ebenso auf. So können Sie sich die Gründe ganz schnell ins Gedächtnis rufen, wenn Ihnen kurzzeitig mal die Motivation abhanden geht. Schauen Sie sich jeden Tag, am besten morgens nach dem Aufstehen, Ihre Ziele an und halten Sie sich die Gründe vor den Augen. So werden Sie direkt morgens schon mit mehr Motivation in Ihr Leben starten, denn Sie wissen warum Sie einige Dinge machen müssen, auch wenn sie in diesem Moment vielleicht keinen Spaß machen.

Tipp: Schauen Sie sich, wenn nötig, nochmals den Absatz zu „Die richtigen Ziele finden“ an.

3. Schritt: Finden Sie Ihren Rhythmus!

Gewohntes fällt uns viel leichter, als etwas Ungewohntes zu tun. Deshalb starten Sie organisiert und durchstrukturiert in den Tag. Nur so können Sie Ihren eigenen Rhythmus finden und beibehalten. Denn auch hier ist die Ordnung das A und O. Planen Sie also Ihre Vorhaben am Tag und geben Sie regelmäßigen Aufgaben einen Rhythmus. So erhalten Sie eine Regelmäßigkeit, die für Sie irgendwann zur Gewohnheit wird. Vor allem fällt es uns um einiges schwerer, etwas zu tun, was nicht in unserer Routine eingebaut ist. In solchen Situationen müssen Sie sich ständig neu motivieren und nach dem Warum fragen.

Tipp: Falls Ihnen das Planen etwas schwer fällt schauen Sie sich nochmals die Strategien an, wie Sie mehr Ordnung in Ihr Leben bringen.

4. Schritt: Gehen Sie Versuchungen aus dem Weg!

Ablenkung ist der größte Selbstdisziplin Killer, den es gibt. Deshalb lassen Sie, wenn möglich erst keine Ablenkung oder eben Versuchung aufkommen. Sobald Sie Möglichkeiten der Versuchung in Reichweite haben, kostet es Sie viel mehr Überwindung ihnen zu widerstehen. Denn wenn diese Dinge nicht da wären, dann hätten Sie die Möglichkeit auch nicht und kommen nicht in Versuchung, sich der Ablenkung oder anderen Möglichkeiten, die Ihren Zielen schaden, hinzugeben. Sei es die Schachtel Zigarette, die Sie noch in der Schublade haben oder die ganzen Süßigkeiten, die Sie in den Schränken gebunkert haben. Um mit dem Rauchen aufzuhören oder eine Diät zu beginnen, sind diese Möglichkeiten sich der Versuchung hinzugeben Gift. Also beseitigen Sie diese alle. Am besten werfen Sie diese Dinge einfach in den Mülleimer oder verschenken sie. Das geht natürlich nicht mit allen Dingen. Halten Sie sich deshalb an die Strategien, wie Sie sich auf den Fokus konzentrieren können. So finden Sie eine Möglichkeit, der Ablenkung aus dem Weg zu gehen, die Sie nicht einfach mal eben beseitigen können.

5. Schritt: Machen Sie Pausen und belohnen Sie sich!

Wichtig um neue Kraft zu tanken sind regelmäßige Pausen und Erholungen. Sie müssen Ihrem Körper die Zeit geben, die er braucht, um etwas neue Energie und Kraft zu tanken. Planen Sie also in Ihren Tag oder in die Woche regelmäßige Pausen ein, die Sie auch einhalten. Denn wenn Sie wirklich immer diszipliniert sein möchten, dann gehören diese Pausen dazu. Ohne die Pausen laufen Sie Gefahr die Lust zu verlieren und kommen so ganz schnell von Ihrem eigentlichen Ziel ab. Ebenso wichtig wie die Pausen sind Belohnungen, die Sie nach jedem Ziel einnehmen sollten, auch wenn Sie nur ein Zwischenziel erreicht haben. Die Belohnungen halten Ihre Motivation oben und es fällt einfacher am Ball zu bleiben. Sie haben ja bald schon wieder etwas, auf das Sie sich freuen können. Die Belohnungen sollten allerdings realistisch sein und zu Ihrem Vorhaben passen. Bei einer Diät, ist ein Eis essen gehen, vielleicht keine angemessene Belohnung. Aber auch das kommt ganz auf Ihren Typ an und Sie müssen das für sich herausfinden. Schreiben Sie sich zu jedem Ziel die Belohnung dazu. Die Visualisierung ermutigt Sie am Ball zu bleiben und Ihrer Belohnung entgegen zu arbeiten.

6. Schritt: Hilfe ist okay!

Manchmal schaffen wir es einfach nicht uns zu überwinden und den inneren Schweinehund zu bekämpfen. In diesen Situationen ist Hilfe von außen sehr hilfreich und manchmal sogar nötig, um loszulegen. Vor allem finden Sie, wenn Sie alleine sind, viel schneller Ausreden, um etwas nicht tun zu müssen. Denn es merkt ja keiner. Deshalb suchen Sie sich einen Verbündeten, der Sie in Ihren Vorhaben unterstützt oder sogar begleitet. Viele Menschen haben das Ziel abzunehmen oder mehr Sport zu betreiben. Wieso sollte man die Sache dann nicht gemeinsam angehen? Je mehr Leute von Ihrem Ziel wissen, desto schwerer wird es für Sie sein, aufzugeben. Sie müssten sich vor allen rechtfertigen und erklären warum Sie nicht weiter machen. Da überlegt man sich doch drei Mal ob man weiter macht oder eben nicht. Die Bestätigung, die man von außen erhält, wirkt ebenso motivierend und treibt zum Weitermachen an.

7. Schritt: Trainieren Sie mindestens drei Mal pro Woche Ihre Selbstdisziplin!

Um selbstdiszipliniert zu sein, ist es wichtig diese zu üben. Eine kleine Übung mehrmals die Woche hilft Ihnen schon dabei. Denn nur mit Ausdauer, können Sie sich verbessern. Überlegen Sie sich am Abend vorher ein kleines!!! Vorhaben, welches Sie am nächsten Tag unbedingt durchführen wollen. Im besten Fall ist es etwas, was Sie nicht sehr gerne Tun und sonst aufschieben würden. Schreiben Sie sich dieses Vorhaben irgendwo auf und erzählen Sie jemandem davon. So erhöhen Sie Ihren Druck, das Vorhaben auch wirklich zu erledigen. Wenn Sie dann am nächsten Tag Ihr Vorhaben erledigt haben, dann belohnen Sie sich mit einer Kleinigkeit. Vielleicht mit einem Stückchen Schokolade oder einem Glas Wein am Abend.

8. Schritt: Bleiben Sie am Ball!

Dieser Schritt ist wohl ausschlaggebend, ob Sie Ihr Ziel erreichen oder nicht. Eine Gewohnheit haben Sie erst nach rund drei Wochen verinnerlicht. Also geben Sie nicht nach kurzer Zeit auf und fragen sich, warum Ihre neue Gewohnheit noch nicht zur Routine geworden ist, wenn Sie erst seit ein paar Tagen dabei sind. Stellen Sie sich diesen Weg wie einen steinigen Pfad vor. Am Anfang dauert es sehr lange, bis Sie auf der anderen Seite angekommen sind. Doch je öfter Sie diesen Pfad gehen, desto eher wissen Sie wo Sie hintreten müssen und ein richtiger Weg wird sich entwickeln. Wenn Sie diese Zeit geschafft haben, dann wird es Ihnen wesentlich einfacher fallen die Disziplin zu wahren. Geben Sie sich also die Zeit, diesen Weg zu gehen und bleiben Sie niemals stehen. Nur wer weiter geht, kommt auch am Ziel an.

Halten Sie sich an all diese Schritte und bauen sie in Ihren Tagesablauf mit ein, dann werden Sie innerhalb kürzester Zeit wesentlich disziplinierter durch Ihr Leben laufen, wie Sie es zuvor getan haben.

Wird man mit Selbstdisziplin erfolgreich?

Immer wieder sind manche Personen erfolgreicher als andere. Für die einen ist der Weg zum Ziel mühelos und für andere ist er sehr steinig und schwierig zu gehen. Warum ist das so? Warum erreicht die eine Person etwas, was eine andere nicht erreichen kann? Was ist hier der Schlüssel zum Erfolg?

Natürlich spielen hier Faktoren wie Begabung, Talent, motorische Fähigkeiten, Ausbildung, und auch die soziale Herkunft zusammen. Diese Faktoren sind ebenso wichtig für den beruflichen und privaten Erfolg, wie die der Selbstdisziplin. Doch mit Hilfe von Selbstdisziplin kommen die einen Ihren Zielen näher, während die anderen für diesen Weg länger brauchen oder sogar nie am Ende ankommen. Denn es gibt einige Studien darüber, dass keine Eigenschaft so entscheidend für das Erreichen seiner Ziele ist, wie die Eigenschaft der Selbstdisziplin.

Möchten Sie also erfolgreich werden und vorankommen, dann reicht es nicht aus die Ziele festzulegen, sie zu planen und Entscheidungen zu treffen. Sie brauchen ein ordentliches Maß an Selbstdisziplin, um erfolgreich zu werden und die Ziele zu erreichen. In vielen Coaching Sitzungen ist Selbstdisziplin ein immer wiederkehrendes Thema. Denn oftmals ist der tatsächliche Grund für Unzufriedenheit und Misserfolg ein Mangel an Selbstdisziplin. Viele Menschen sind sich dessen sogar bewusst und sie leiden darunter, dass sie sich nicht beherrschen können. Was ist das Geheimnis der disziplinierten Menschen? Haben disziplinierte Menschen eine besonders starke Willenskraft oder sogar mehr davon, wie andere Menschen?

Nein, das haben sie nicht! Disziplinierte Menschen sorgen dafür, dass sie so wenig wie möglich an Willenskraft brauchen, um diszipliniert zu handeln. Sie benötigen die Willenskraft nicht unbedingt dafür, um disipliniert zu sein und verlassen sich nicht darauf. Sie vermeiden Versuchungen und gehen der Ablenkung aus dem Weg. Sie wissen um solche Dinge und beugen dementsprechend vor. So kommen sie gar nicht in Versuchung schwach zu werden. Außerdem haben disziplinierte Menschen Ziele, die sie erreichen wollen. Während manche Menschen sich eben nur etwas Vornehmen oder einen Neujahresvorsatz haben, haben die anderen Menschen klar definierte Ziele.

Außerdem halten sie sich wahrscheinlich die längerfristigen Ziele vor die Augen. Es bringt nichts den Dingen nachzugehen, die vielleicht gerade im Moment mal Spaß machen und dafür die langfristigen Ziele aus den Augen zu verlieren oder pausieren zu lassen. Erfolgreiche Menschen Denken und Handeln langfristig. Sie sind sich dessen bewusst, weshalb und wofür sie sich anstrengen und was sie bei ihrem Vorhaben einschränkt und stört. Diese Sachen werden eliminiert, um so dem Ziel Stück für Stück näher zu kommen.

Sämtliche Tipps, die Sie hier in diesem Buch finden und die Schritt-für-Schritt-Anleitung, wie Sie zu mehr Selbstdisziplin kommen, haben erfolgreiche Menschen verinnerlicht. Sie befolgen diese Punkte intuitiv. Das macht den Anschein, dass diesen Menschen alles wesentlich einfacher fällt und sie viel mehr schaffen können, als es so manch ein anderer kann. Doch mit diesen Hinweisen, schafft es jeder, sich ein erfolgreiches Leben aufzubauen. Durch die anderen Faktoren, wie zum Beispiel die Begabung, das Glück und noch viele weitere, sind die Menschen unterschiedlich und verfolgen andere Ziele. Da Sie jetzt wissen wie, können Sie mit Hilfe Ihrer Selbstdisziplin fast alle Ziele verwirklichen.

Zusammenfassend lässt sich also festhalten, dass jeder Mensch mit Hilfe von Selbstdisziplin erfolgreicher sein kann, als bisher. Überlegen Sie sich, was Ihnen auf langer Sicht gut tut und welche Handlungen damit verbunden sind, dieses Ziel zu erreichen. Nach diesen Erkenntnissen handeln Sie! Seien Sie sich stets bewusst, dass kurzfristige Vergnügen, Sie von den langfristigen Zielen abhalten und Sie so ganz vom Weg abkommen können. Vergessen Sie jedoch nicht, dass Sie zwischendurch

Pausen brauchen und sich erholen und belohnen müssen. So wird es Ihnen am meisten Spaß machen, Ihren Zielen nachzugehen und diese Ziele zu erreichen. Deshalb: Einfach anfangen! Legen Sie am besten direkt los. Beachten Sie die Tipps in diesem Buch, dann werden Sie schon nach wenigen Tagen merken, dass es Ihnen immer leichter fällt an den Dingen, die für Sie wichtig sind, dranzubleiben und Sie werden voller Selbstdisziplin Ihre Ziele erreichen.

Meine Ziele im Überblick

Um es Ihnen so einfach wie möglich zu gestalten, habe ich Ihnen auf den nächsten Seiten wertvolle Listen (wo Sie alle Ihre langfristigen aber auch kurzfristigen Ziele eintragen können) bereitgestellt. Denn auch durch regelmäßiges eintragen trainieren Sie sich Disziplin an! Also worauf warten? Beginnen Sie mit der ersten Zieleintragung! Ich glaube fest an Sie und wünsche Ihnen alles Gute und viel Erfolg auf Ihre weiteren Wege!

PLATZ FÜR NOTIZEN:

Meine Ziele:

Mein langfristiges Ziel	
Warum will ich dieses Ziel erreichen?	
Bis wann will ich dieses Ziel erreichen?	
Welche mittelfristigen Ziele muss ich erfüllen, um mein langfristiges Ziel zu erreichen?	
Was kann ich wöchentlich erledigen, um mein Ziel zu erreichen?	
Was kann ich täglich erledigen, um mein Ziel zu erreichen?	
Wie werde ich mich belohnen, wenn ich meine mittelfristigen Ziele erreiche?	
Diese Zeiten blocke ich wöchentlich in meinem Kalender, um mein Ziel zu erreichen	

Meine Ziele:

Mein langfristiges Ziel	
Warum will ich dieses Ziel erreichen?	
Bis wann will ich dieses Ziel erreichen?	
Welche mittelfristigen Ziele muss ich erfüllen, um mein langfristiges Ziel zu erreichen?	
Was kann ich wöchentlich erledigen, um mein Ziel zu erreichen?	
Was kann ich täglich erledigen, um mein Ziel zu erreichen?	
Wie werde ich mich belohnen, wenn ich meine mittelfristigen Ziele erreiche?	
Diese Zeiten blocke ich wöchentlich in meinem Kalender, um mein Ziel zu erreichen	

Meine Ziele:

Mein langfristiges Ziel	
Warum will ich dieses Ziel erreichen?	
Bis wann will ich dieses Ziel erreichen?	
Welche mittelfristigen Ziele muss ich erfüllen, um mein langfristiges Ziel zu erreichen?	
Was kann ich wöchentlich erledigen, um mein Ziel zu erreichen?	
Was kann ich täglich erledigen, um mein Ziel zu erreichen?	
Wie werde ich mich belohnen, wenn ich meine mittelfristigen Ziele erreiche?	
Diese Zeiten blocke ich wöchentlich in meinem Kalender, um mein Ziel zu erreichen	

Meine Ziele:

Mein langfristiges Ziel	
Warum will ich dieses Ziel erreichen?	
Bis wann will ich dieses Ziel erreichen?	
Welche mittelfristigen Ziele muss ich erfüllen, um mein langfristiges Ziel zu erreichen?	
Was kann ich wöchentlich erledigen, um mein Ziel zu erreichen?	
Was kann ich täglich erledigen, um mein Ziel zu erreichen?	
Wie werde ich mich belohnen, wenn ich meine mittelfristigen Ziele erreiche?	
Diese Zeiten blocke ich wöchentlich in meinem Kalender, um mein Ziel zu erreichen	

Meine Ziele:

Mein langfristiges Ziel	
Warum will ich dieses Ziel erreichen?	
Bis wann will ich dieses Ziel erreichen?	
Welche mittelfristigen Ziele muss ich erfüllen, um mein langfristiges Ziel zu erreichen?	
Was kann ich wöchentlich erledigen, um mein Ziel zu erreichen?	
Was kann ich täglich erledigen, um mein Ziel zu erreichen?	
Wie werde ich mich belohnen, wenn ich meine mittelfristigen Ziele erreiche?	
Diese Zeiten blocke ich wöchentlich in meinem Kalender, um mein Ziel zu erreichen	

Meine Ziele:

Mein langfristiges Ziel	
Warum will ich dieses Ziel erreichen?	
Bis wann will ich dieses Ziel erreichen?	
Welche mittelfristigen Ziele muss ich erfüllen, um mein langfristiges Ziel zu erreichen?	
Was kann ich wöchentlich erledigen, um mein Ziel zu erreichen?	
Was kann ich täglich erledigen, um mein Ziel zu erreichen?	
Wie werde ich mich belohnen, wenn ich meine mittelfristigen Ziele erreiche?	
Diese Zeiten blocke ich wöchentlich in meinem Kalender, um mein Ziel zu erreichen	

Tägliche Selbstreflektion:

Datum: Uhrzeit: Ort:

1. Wie war mein Tag? Wie ist mein Energielevel?

2. Wann war ich produktiv? Was hat mich motiviert?

3. Wann war ich nicht produktiv? Wie kann ich das verhindern?

4. Habe ich meine heutigen Ziele erreicht? Wenn nicht, wieso?

5. Was kann ich morgen verbessern?

6. Meine Top-3-Prioritäten für morgen sind

-
-
-

Tägliche Selbstreflektion:

Datum: Uhrzeit: Ort:

1. Wie war mein Tag? Wie ist mein Energielevel?

2. Wann war ich produktiv? Was hat mich motiviert?

3. Wann war ich nicht produktiv? Wie kann ich das verhindern?

4. Habe ich meine heutigen Ziele erreicht? Wenn nicht, wieso?

5. Was kann ich morgen verbessern?

6. Meine Top-3-Prioritäten für morgen sind

-
-
-

Tägliche Selbstreflektion:

Datum: Uhrzeit: Ort:

1. Wie war mein Tag? Wie ist mein Energielevel?

2. Wann war ich produktiv? Was hat mich motiviert?

3. Wann war ich nicht produktiv? Wie kann ich das verhindern?

4. Habe ich meine heutigen Ziele erreicht? Wenn nicht, wieso?

5. Was kann ich morgen verbessern?

6. Meine Top-3-Prioritäten für morgen sind

-

-

-

Tägliche Selbstreflektion:

Datum: Uhrzeit: Ort:

1. Wie war mein Tag? Wie ist mein Energielevel?

2. Wann war ich produktiv? Was hat mich motiviert?

3. Wann war ich nicht produktiv? Wie kann ich das verhindern?

4. Habe ich meine heutigen Ziele erreicht? Wenn nicht, wieso?

5. Was kann ich morgen verbessern?

6. Meine Top-3-Prioritäten für morgen sind

-
-
-

Tägliche Selbstreflektion:

Datum: Uhrzeit: Ort:

1. Wie war mein Tag? Wie ist mein Energielevel?

2. Wann war ich produktiv? Was hat mich motiviert?

3. Wann war ich nicht produktiv? Wie kann ich das verhindern?

4. Habe ich meine heutigen Ziele erreicht? Wenn nicht, wieso?

5. Was kann ich morgen verbessern?

6. Meine Top-3-Prioritäten für morgen sind

-
-
-

Tägliche Selbstreflektion:

Datum: Uhrzeit: Ort:

1. Wie war mein Tag? Wie ist mein Energielevel?

2. Wann war ich produktiv? Was hat mich motiviert?

3. Wann war ich nicht produktiv? Wie kann ich das verhindern?

4. Habe ich meine heutigen Ziele erreicht? Wenn nicht, wieso?

5. Was kann ich morgen verbessern?

6. Meine Top-3-Prioritäten für morgen sind

-
-
-

Impressum

Herausgeber: Pegoa Global Media GmbH / Am Sandtorkai 27 / 20457 Hamburg
Kontakt: kontakt@pegoamedia.de
Coverbild: Shutterstock

Haftungsausschluss:
Die Nutzung dieses Buches und die Umsetzung der enthaltenen Informationen, Anleitungen und Strategien erfolgt auf eigenes Risiko. Der Autor kann für etwaige Schäden jeglicher Art aus keinem Rechtsgrund eine Haftung übernehmen. Haftungsansprüche gegen den Autor für Schäden materieller oder ideeller Art, die durch die Nutzung oder Nichtnutzung der Informationen bzw. durch die Nutzung fehlerhafter und/oder unvollständiger Informationen verursacht wurden, sind grundsätzlich ausgeschlossen. Rechts- und Schadenersatzansprüche sind daher ausgeschlossen. Dieses Werk wurde sorgfältig crarbeitet und niedergeschrieben. Der Autor übernimmt jedoch keinerlei Gewähr für die Aktualität, Vollständigkeit und Qualität der Informationen. Druckfehler und Falschinformationen können nicht vollständig ausgeschlossen werden. Es kann keine juristische Verantwortung sowie Haftung in irgendeiner Form für fehlerhafte Angaben vom Autor übernommen werden. Die bereitgestellten Analysen, Vorschläge, Ideen, Meinungen, Kommentare und Texte sind ausschließlich zur Information bestimmt und können ein individuelles Beratungsgespräch nicht ersetzen. Alle Informationen dieses Buches entsprechen dem Kenntnisstand zum Zeitpunkt des Verfassens dieses Buches. Eine Haftung für mittelbare und unmittelbare Folgen aus den Informationen dieses Buches ist somit ausgeschlossen.
Informieren Sie sich weitläufig aus unterschiedlichen Quellen und bedenken Sie, dass am Ende nur Sie für die Entscheidungen verantwortlich sind.

Haftung für externe Links:
Unser Angebot enthält Links zu externen Websites Dritter, auf deren Inhalte wir keinen Einfluss haben. Deshalb können wir für diese fremden Inhalte auch keine Gewähr übernehmen. Für die Inhalte der verlinkten Seiten ist stets der jeweilige Anbieter oder Betreiber der Seiten verantwortlich. Die verlinkten Seiten wurden zum Zeitpunkt der Verlinkung auf mögliche Rechtsverstöße überprüft. Rechtswidrige Inhalte waren zum Zeit-punkt der Verlinkung nicht erkennbar.

Wir danken Ihnen für Ihr Interesse und Ihr Vertrauen. Als Dankeschön dafür, haben wir eine besondere Überraschung. Wir haben exklusiv für Sie **„Die 50 besten Tipps, um positiver durchs Leben zu gehen“**. Und diese erhalten Sie vollkommen kostenlos. Das klingt wunderbar? Dann warten Sie nicht lange und holen Sie sich Ihr Gratis-Geschenk.

Hier geht es zu Ihrem Gratis-Geschenk:

https://forms.gle/Und6wXuhFAgdh9d77

1. **Öffnen Sie die Kamera-App auf Ihrem Smartphone und richten Sie die Kamera auf den QR-Code.**
2. **Klicken Sie auf den Link, der Ihnen angezeigt wird und schon werden Sie zur Website weitergeleitet.**